O MINDSET DA
INOVAÇÃO

CARO LEITOR,
QUEREMOS SABER SUA OPINIÃO
SOBRE NOSSOS LIVROS.
APÓS A LEITURA, CURTA-NOS NO
FACEBOOK.COM/EDITORAGENTEBR,
SIGA-NOS NO TWITTER @EDITORAGENTE,
NO INSTAGRAM @EDITORAGENTE
E VISITE-NOS NO SITE
WWW.EDITORAGENTE.COM.BR.
CADASTRE-SE E CONTRIBUA COM
SUGESTÕES, CRÍTICAS OU ELOGIOS.

GUILHERME HORN

O MINDSET DA INOVAÇÃO

A JORNADA DO SUCESSO PARA POTENCIALIZAR O CRESCIMENTO DA SUA EMPRESA

Diretora
Rosely Boschini

Gerente Editorial
Rosângela Barbosa

Editor Assistente
Alexandre Nuns

Assistentes Editoriais
Alanne Maria e Rafaella Carrilho

Produção Gráfica
Fábio Esteves

Preparação
Carolina Forin

Capa
Renata Zucchini

Projeto gráfico e diagramação
Gisele Baptista de Oliveira

Revisão
Natália Domene Alcaide
e Amanda Oliveira

Impressão
Gráfica Rettec

Copyright © 2021 by Guilherme Horn
Todos os direitos desta edição
são reservados à Editora Gente.
Rua Original, 141/143 – Sumarezinho
São Paulo, SP – CEP 05435-050
Telefone: (11) 3670-2500
Site: www.editoragente.com.br
E-mail: gente@editoragente.com.br

Dados Internacionais de Catalogação na Publicação (CIP)
Angélica Ilacqua CRB-8/7057

Horn, Guilherme
    O mindset da inovação : a jornada do sucesso para
potencializar o crescimento da sua empresa / Guilherme Horn.
- São Paulo : Editora Gente, 2021.
    192 p.

ISBN 978-65-5544-116-1

1. Sucesso nos negócios 2. Inovações tecnológicas 3. Cultura
organizacional I. Título

21-1303
CDD 650.1

Índices para catálogo sistemático:
1. Sucesso nos negócios

NOTA DA PUBLISHER

EMPREENDEDOR SERIAL É UMA DAS QUALIFICAÇÕES que acompanha Guilherme Horn. Este termo certamente expressa a sua impressionante capacidade criativa, mas, nem de longe, traduz o cuidado, a diligência e a primazia com que conduz sua liderança. Para Horn, nunca se trata de mais uma startup ou *fintech*: é sempre uma oportunidade única para desenvolver coletivamente um ecossistema de inovação poderoso e competitivo.

Com uma dedicação ímpar, ele mostra como superar os desafios impostos pelas mudanças tecnológicas, apresentando-nos um método consistente para criar um negócio inovador independentemente do tamanho da empresa. É uma pessoa que acredita na adaptabilidade do ser humano como ferramenta de expansão de empreendimentos.

É por tudo isso que tenho o prazer de apresentar ao leitor *O mindset da inovação*, livro no qual ele encontrará as orientações de um investidor-anjo experiente e comprometido com estratégias de inovação disruptivas, mas, principalmente, com um autor disposto a reestruturar a forma de fazer negócios no Brasil, semeando a autoestima e o comportamento altivo dos empreendedores.

ROSELY BOSCHINI
CEO e publisher da Editora Gente

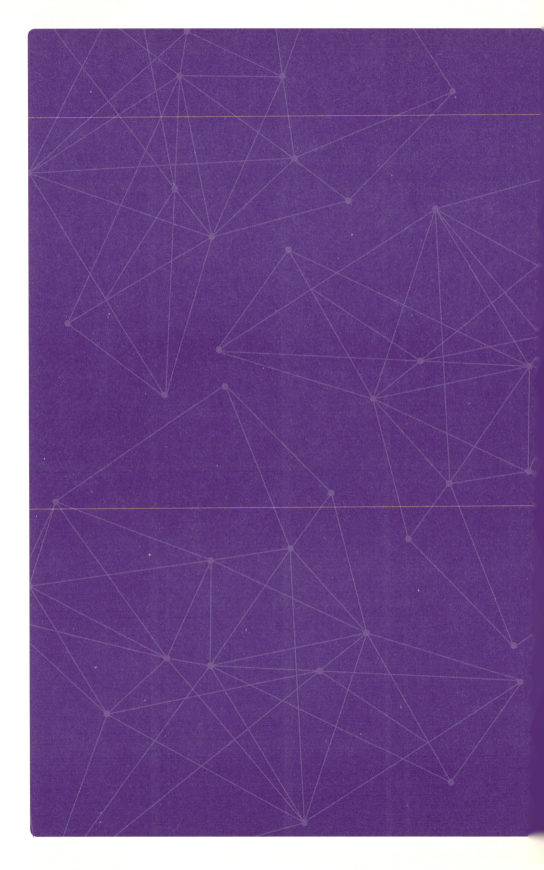

À MINHA AMADA
ESPOSA ADLA, PELO
APOIO, INCENTIVO
E CUMPLICIDADE
INCONDICIONAIS.
AOS MEUS FILHOS
GABRIEL, JULIANA,
NICHOLAS E
NATHAN, PELAS
HORAS DE CONVÍVIO
VOLUNTARIA OU
INVOLUNTARIAMENTE
CEDIDAS.
E AOS MEUS PAIS –
PAI *IN MEMORIAM*
– E MEU IRMÃO
PELA ESTRUTURA
FAMILIAR, A BASE
DE TUDO.

AGRADE

CIMENTOS

APRENDI QUE, EM DISCURSOS DE AGRADECIMENTO, deve-se evitar ao máximo aquela lista de nomes, porque a chance de faltar alguém é grande, e o efeito disso pode ser cruel. Por isso, não cometeria esse erro aqui. Mas é claro que algumas pessoas contribuíram tanto para boa parte dos aprendizados que procurei compartilhar neste livro que eu não poderia deixar de fora.

Minha gratidão ao meu time e meus sócios na Ágora por tudo o que construímos juntos. Na Ágora, tivemos anos intensos, ousamos muito, inovamos sem parar, viramos muitas noites implementando mudanças e corrigindo falhas em um ritmo de crescimento sempre muito acima do planejado. Mudávamos tudo o tempo todo. Quando os concorrentes achavam que tinham entendido a nossa estratégia, já estávamos olhando para o lado oposto e mudando tudo de novo. Fomos *case* de sucesso da Oracle, Cisco, Microsoft, HP, Adobe e tantos outros *players* relevantes do mundo da tecnologia naquela época. Usamos, antes de todo o mercado, o protocolo FIX, VoIP, Flash em aplicação crítica, RAC da Oracle e muito mais. Mas, claro, isso teve um preço. Em fevereiro de 2005, ficamos quase três dias oscilando no nosso *home broker*, que não suportou um pico de utilização de quase sete vezes a média histórica, e isso nos custou caro. Tivemos que explicar ao mercado e aos reguladores. Choviam reclamações dos clientes. Ficamos conectados com os indianos da Oracle três dias seguidos. Dei um pulo em casa somente uma vez nesse tempo, eu e mais um monte de gente da área de tecnologia. Aprendemos muito naqueles dias. E saímos mais fortes daquele tsunami. Mais fortes para continuar inovando e fazer valer o que estava escrito no painel imenso na entrada da corretora: "Nada permanece além da mudança", frase dita por Heráclito em 314 a.c.[1]

A mesma gratidão a meu time e meus sócios na Órama. Lá, construímos tudo com mais planejamento, usando o aprendizado dos erros da Ágora, e os cabelos mais brancos, dez anos depois. A Órama inaugurou uma categoria no Brasil: a de plataformas digitais de investimentos. Fico orgulhoso de ver, hoje, mais de cinquenta delas no mercado. Fomos a primeira. Fomos também a primeira instituição financeira 100% na nuvem do mundo, fato que nos rendeu um prêmio de inovação conferido pela AWS (Amazon Web Services) em Las Vegas, em 2012. Fiquei encantado com a nuvem em 2009, em uma viagem aos Estados Unidos, e decidi ali que a Órama seria 100% implementada naquela tecnologia. Não foi fácil explicar isso ao Banco Central (Bacen). A Amazon chegou a criar, na época, uma funcionalidade chamada VPC (Virtual Private Cloud), um misto de VPN com *cloud*, para dar conforto ao Bacen. Fizemos os primeiros *Robo Advisors* do país em 2009, um ano depois da Betterment, a grande referência da época nos EUA. Construímos o primeiro consolidador de investimentos, o Mr Zig. Usamos neurociência como nenhuma outra plataforma para levar os investidores a tomar as melhores decisões. A inovação estava no DNA daquele time; por isso, na parede, estava o nosso mantra: "A melhor forma de prever o futuro é criá-lo". Aliás, nunca consegui descobrir quem de fato cunhou essa frase! Já vi uns cinco possíveis autores, mas não consegui nenhuma comprovação convincente. Então, a ele, seja quem for, obrigado pela inspiração diária!

Na Accenture, aprendi muito e sou muito grato a essa empresa, que me acolheu de uma maneira incrível e me trouxe grandes amigos. A Accenture é uma das organizações mais complexas e bem geridas do planeta. São quase 500 mil pessoas, um verdadeiro exército de profissionais muito capazes que produz conhecimento de maneira incessante e ajuda empresas a se tornarem cada vez melhores. Lá, tive a honra de conviver com o Leonardo Framil, um dos líderes mais inspiradores com quem já pude trabalhar. O Framil sabe ouvir como poucos e tem a capacidade de enquadrar qualquer conversa no seu correto contexto, facilitando a vida de qualquer interlocutor. Também aprendi muito com o Flaviano Faleiro, um executivo que não teme o desconhecido, tem sede de conhecimento, sabe construir times e entregar resultados. Outro executivo com quem muito aprendi foi o Marcelo Mussi, com seu raciocínio rápido e lógico, capaz de modelar um *frame* mental até em um simples bate-papo no café do corredor. Além do nosso lorde inglês, Rogerio Fava, um sábio que navega entre tecnologia, marketing e negócios com uma rara capacidade de visão estratégica. Também na Accenture, tive o privilégio de montar nossa base no Cubo, o maior *hub* de inovação da América Latina. Estivemos presentes no Cubo desde o seu primeiro dia de funcionamento e, nos anos seguintes, criamos soluções inovadoras e construímos conexões sólidas entre startups e grandes empresas. Engajamos no tema inovação muitos CEOs e *C-levels* de boa parte do PIB brasileiro. Tudo com a colaboração de profissionais incríveis como Flavio Pripas e Reynaldo Gama, os sócios da Redpoint, e o *core* do meu *dream team*: Paulo Costa, Jimmy Lui, Roberto Frossard e Ralph Lagnado.

Em 2019, na euforia do início do novo governo federal, que havia formado um ministério com nomes como Paulo Guedes, Sergio Moro, Marcos Pontes, Tarcísio Gomes de Freitas etc., fui convocado pelo meu amigo Luiz Fernando Figueiredo para me juntar a ele no conselho de administração do Banco do Brasil, que ele presidiria. O Luiz Fernando acabou não indo para o conselho do BB, mas eu já havia entrado e lá fiquei até o fim do ano, em uma missão quase voluntária pela pátria, junto a profissionais como Hélio Magalhães, Marcelo Serfaty e Luiz Spinola. Foi um ano de muitas lições sobre como ajudar a desenhar o futuro de uma organização de quase 100 mil pessoas que precisa compatibilizar o interesse de dois acionistas bem diferentes: o Estado e os investidores privados.

Após a saída do conselho do Banco do Brasil, vem o início de uma nova história no Banco BV, uma organização sólida que começou a se transformar em 2015. No BV, tenho a oportunidade de viver os desafios da transformação digital todos os dias e de trabalhar com aquele que considero um dos expoentes da nova geração de líderes brasileiros: Gabriel Ferreira. Ao Gabriel e aos conselheiros do BV, sou muito grato pela oportunidade e pelos aprendizados diários.

Como investidor-anjo e *advisor* em mais de cinquenta startups, tive a oportunidade de aprender e compartilhar minha experiência com grandes empreendedores e coinvestidores, que estão escrevendo a história do empreendedorismo digital no Brasil. Tive a honra de ser agraciado com o Prêmio Investidor Anjo do Ano, em 2017, pela Associação Anjos do Brasil. Devo este reconhecimento à dois pioneiros nesta área: João Kepler e Pierre Schurmann.

Em minha convivência com outros professores da Singularity University, aprendo diariamente sobre o impacto das tecnologias exponenciais no nosso futuro e como podemos usá-las para o bem da humanidade. Pela oportunidade de fazer parte deste time incrível, agradeço ao Reynaldo Gama e ao Guilherme Soarez.

Nas colunas que escrevo em jornais e revistas, tive a oportunidade de trabalhar com ótimos editores que sempre me ajudaram e me orientaram. Uma dessas editoras se destaca por sua capacidade de visão e por sua determinação, me desafiando sempre com temas que fogem ao óbvio: Sandra Boccia, deixo aqui o meu muito obrigado.

E, finalmente, um amigo em especial foi um grande incentivador para que este livro se concretizasse: José Salibi Neto, que, durante mais de duas décadas, conviveu de perto com os maiores nomes da gestão contemporânea e que, a partir de 2018, resolveu compartilhar todo o conhecimento acumulado em livros e palestras. Em nossos encontros, Salibi sempre me provocava e instigava a colocar no papel os nossos papos. Ao Salibi, o meu muito obrigado.

SUMÁRIO

I – VISÃO

II – ESTRATÉGIA

III – CULTURA

IV – IMPLEMENTANDO A INOVAÇÃO NA PRÁTICA

17 PREFÁCIO DE JOSÉ SALIBI NETO

20 INTRODUÇÃO

28 Capítulo 1 - Disrupcão não acontece de repente

40 Capítulo 2 - Por que ficamos cegos à inovação

52 Capítulo 3 - Os quatro estágios da Inovação Aberta

62 Capítulo 4 - A nova arena competitiva

70 Capítulo 5 - De onde vem a inovação

78 Capítulo 6 - O tripé da estratégia de inovação

88 Capítulo 7 - Aplicando a Inovação Aberta

96 Capítulo 8 - Os 2 Cs: modelos de geração de inovação

106 Capítulo 9 - O mindset das startups

120 Capítulo 10 - Colaboração não é a solução para tudo

124 Capitulo 11 - O consumidor no centro

132 Capítulo 12 - Desafios para empresas tradicionais

140 Capítulo 13 - O ecossistema da Inovação Aberta

150 Capítulo 14 - Como trabalhar com startups

158 Capítulo 15 - Aplicação dos métodos ágeis

162 Capítulo 16 - *Unlearning* - a importância
de desaprender

166 Capitulo 17 – *Chutzpah*

172 CONCLUSÃO

179 REFERÊNCIAS BIBLIOGRÁFICAS

183 NOTAS

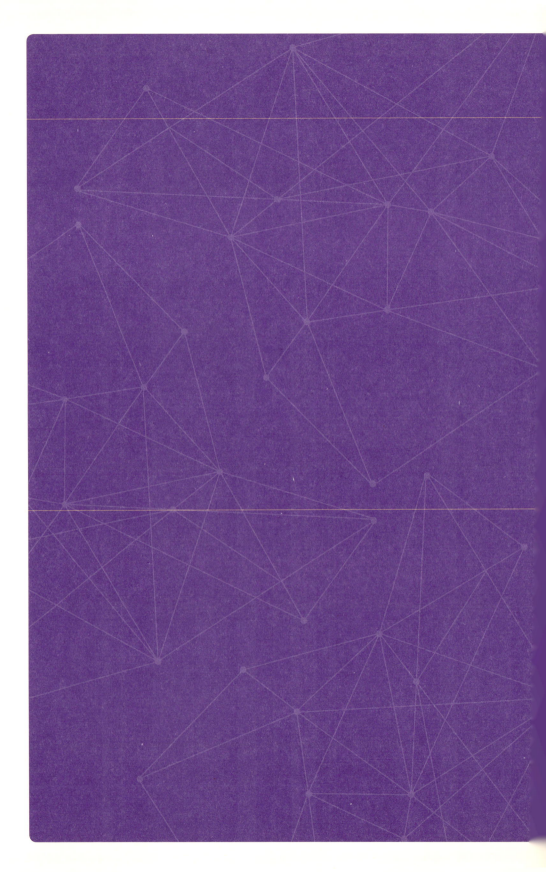

PREFÁCIO
CHUTZPAH E A
"PENSAÇÃO" DE GESTÃO

A MENTALIDADE DA GESTÃO SE CONFUNDE COM A história da minha vida. Durante muitos anos, dediquei grande parte dos meus dias ao *management thinking*, uma forma de fazer e pensar o gerenciamento de negócios que celebra a inovação. Quando o aclamado *Thinkers50* – o ranking mundial dos pensadores do *management thinking* – foi criado em 2001, eu já tinha, desde 1990, meu próprio ranking mental, um mapeamento fruto de uma investigação anual sobre os melhores pensadores do mundo em negócios. Tudo isso com um único objetivo: trazê-los aos eventos da HSM University, a maior plataforma de educação corporativa do Brasil, da qual sou cofundador. Inicialmente, os primeiros eventos foram realizados no Brasil, mas logo se espalharam pelo mundo, sobretudo nos países da América Latina e Europa, passando, é claro, pelos Estados Unidos.

O pensamento da gestão, especificamente aquele dedicado à inovação, sempre teve lugar de destaque no panteão HSM, e nem minha relação com a produção teórica de Peter Drucker, o pai da administração, permitiria que fosse diferente. Agora, reconheço que Peter deixava claro quão prioritária era a inovação para as empresas. Diversas vezes trouxemos nomes como Clayton M. Christensen para falar com o público brasileiro.

Hoje, porém, vejo que a compreensão do conceito de "pensador da gestão" evoluiu. Agora, é preciso que gestores e gestoras pensem, em um ciclo virtuoso e infinito, sobre práticas de inovação. Arriscaria um neologismo "pensação da gestão", isto é, o pensamento aliado à ação, em oposição ao "pensamento de gestão". A mudança é fácil de explicar: na era dos experimentos, as abordagens mais avançadas vêm de quem tem as ideias e expertise para implementá-las e melhorá-las conforme o aprendizado prático. Agora, meu ranking mental é feito de expoentes da "pensação" da gestão e, particularmente, da "pensação" da inovação.

Neste livro, você descobrirá Guilherme Horn, que todos enxergavam como um *practitioner*, até o conhecerem como o grande *thinker* da gestão. Dono de um cérebro privilegiado, Guilherme se tornou, sem dúvida alguma, um expoente do que entendo como "pensação inovadora". Seu inquestionável conhecimento sobre práticas de inovação, adquirido em uma carreira formada por experiências bem distintas, tornam-no uma referência em inovação no mercado. Guilherme tem o perfil de um verdadeiro empreendedor. Criador de duas *fintechs* pioneiras, a Ágora, líder nacional no *home broker* por sete anos consecutivos, e a Órama, a primeira plataforma digital de investimentos no Brasil. Investidor-anjo, o olhar de consultor também faz parte da sua carteira de habilidades, sobretudo devido a sua passagem pela Accenture, uma das principais consultoras do mundo sobre gestão e tecnologia. Acumula uma passagem pelo Banco do Brasil e, recentemente, pelo BV, o braço financeiro da Votorantim S.A., no qual atua como executivo. Além disso, graças a sua conexão com Israel – a nação startup por excelência –, tem um olhar apurado para as tendências domésticas e internacionais.

O mindset da inovação tem tudo de que um bom livro de gestão precisa. Primeiro, tem um problema a resolver: o das empresas que não conseguem inovar. Segundo, propõe uma solução, baseada em visão, estratégia, cultura e implementação, para os desafios enfrentados pelos negócios não inovadores. Terceiro, apresenta o *chutzpah* como um conceito-chave e disruptivo que funciona como lembrete nos momentos em que a tomada de decisão parece muito árdua. O *chutzpah* é uma palavra do hebraico que significa ousadia e remete a "tentar algo nunca imaginado" e a desafiar ideias, até mesmo as do chefe, exibindo um comportamento colaborativo. Neste livro, o autor explica brilhantemente as cinco razões para isso acontecer – e o viés da confirmação da economia comportamental é só uma delas.

Horn usa sua experiência como primeiro consolidador de investimentos do Brasil para falar dos riscos envolvidos em um negócio inovador. Compartilha o conhecimento do Mr. Zig, que trouxe a neurociência como uma plataforma única para conduzir os investidores às melhores decisões. Disserta, ainda, sobre os erros cometidos e seus respectivos aprendizados após vivenciar a tsunami pela qual a Ágora passou em 2005, com o pico de utilização de seu *home broker*. Sem hesitações, discute o desafio de lidar com os clientes – em três dias, ele só esteve em casa uma única vez, por alguns minutos. Mas, sobretudo, Guilherme fala sobre seus inúmeros *cases* de sucesso, como a Ágora e a Lemonade.

Para Horn, o leitor deve querer alcançar a rotina da inovação. "Não há um programa de inovação definido, não há uma área focada nela nem uma verba alocada a isso. Esse, simplesmente, é o dia a dia da empresa. As pessoas estão o tempo todo pensando em como melhorar a experiência do usuário, em como trazer mais funcionalidades para o produto".

Como todo expoente das práticas de inovação, Guilherme não se limita a analisar um determinado mercado – que, em seu caso, poderia ser o mercado financeiro ou o segmento das startups. Ele enxerga muito além e isso faz com que este livro seja útil para qualquer tipo de empresa, de qualquer setor, idade ou tamanho. Para além disso, Guilherme é um ser íntegro, o que faz toda a diferença do mundo no ambiente de negócios. Ter sucesso sem ter escrúpulos é razoavelmente fácil; o verdadeiro desafio é ter sucesso com ética e generosidade. Tenho certeza de que o fato de Guilherme ser um tenista, como eu, o ajudou a chegar lá! *(risos)*

JOSÉ SALIBI NETO é cofundador da HSM, empresa de educação executiva. Palestrante, mentor de líderes e coautor best-seller dos livros *Gestão do amanhã*, *O novo código da cultura*, *Estratégia adaptativa* e *O algoritmo da vitória*.

INTRO

DUÇÃO

INOVAÇÃO NÃO É MAIS UMA OPÇÃO PARA A GRANDE maioria das empresas. Ou elas inovam ou estão fadadas ao fracasso. A tecnologia avança a uma velocidade exponencial e os novos recursos que ela oferece estão cada vez mais acessíveis. Em 2000, montar uma empresa custava centenas de vezes mais do que custa em 2021. Com a internet e os *smartphones*, qualquer pessoa pode criar um aplicativo e disponibilizá-lo nas lojas ou criar um site e colocá-lo no ar. É possível testar ideias como nunca antes na história. Segundo o Siteefy,[1] site de estatísticas da internet, a cada minuto são criados 380 novos sites.

Segundo a revista *Fast Company*,[2] desde que o Google foi fundado, em 1998, quatrocentos produtos foram lançados, e cerca de 50% deles foram descontinuados com menos de dois anos de existência, como Google Wave, Google Notebook, Google+, Google Catalog Search, entre outros. O Google tentou, com estes produtos, entrar em vários segmentos e não foi bem-sucedido. Isto significa que, de um dia para o outro, vários *players* tinham um novo concorrente:

o Google. A partir desse momento, foram necessárias muita competência e capacidade inovadora para derrotá-lo. Twitter, Slack, Evernote, Quora e Pinterest são exemplos de empresas que conseguiram. Mas e se isso acontecesse com a sua empresa, ela estaria preparada para enfrentar essa concorrência?

Para empresas tradicionais, independentemente do seu tamanho, esse é um grande desafio, pois muitas estão há décadas oferecendo os mesmos produtos e serviços, apenas incorporando pequenas alterações decorrentes dos avanços tecnológicos. Como estar preparado para este novo mundo, no qual inovar é uma necessidade?

Talvez a saída seja inovar antes de ter a pressão de um concorrente ou um novo entrante que passou a oferecer um produto ou serviço mais barato, com uma experiência melhor ou com mais tecnologia embarcada. Quando isso acontecer, pode não haver mais tempo. É como aquele cadeado na porta que a gente só coloca depois que some alguma coisa em casa. No momento em que se decide colocar o cadeado, já é tarde demais. As empresas de hoje precisam inovar antes que o contexto as obriguem. Precisam aprender que, algumas vezes, terão de matar seus próprios produtos. Precisam revisitar o problema que resolvem, em vez de tentar melhorar as soluções que oferecem.

Para isso, é importante estimular a criatividade e aguçar a capacidade crítica do time. As pessoas devem praticar a indignação; devem indignar-se com maus serviços, com processos lentos, com a burocracia excessiva, com a experiência ruim, com clientes insatisfeitos. Os profissionais de uma empresa não podem se acostumar com nada disso, não podem ficar insensíveis a essas coisas. Esse inconformismo, aliado à criatividade, deve gerar novas ideias. Cabe à empresa oferecer o ambiente propício para que essas ideias se transformem em produtos e serviços. Uma ideia só se torna uma inovação quando chega ao mercado sob a forma de um produto. Por isso, parte da responsabilidade está nas pessoas e parte na organização.

Este livro é para empresários, executivos, empreendedores, investidores, conselheiros de empresas de todos os portes e todos aqueles que buscam compreender o que significa inovação e como torná-la realidade em seu ambiente. A inovação é responsabilidade de todos em uma organização. Não pode ser delegada a uma única área e também não está relacionada apenas à tecnologia, que costuma estar presente como um importante viabilizador, mas não é uma regra. Há muitos casos de inovação somente no modelo de negócio, como o Airbnb, por exemplo. A empresa descobriu que proprietários de imóveis poderiam se interessar em ter uma renda extra alugando parte ou todo o imóvel por curtos ou longos períodos, e que havia pessoas interessadas em ficar nesses imóveis, seja por serem ambientes mais acolhedores do que hotéis ou simplesmente pelo preço. A tecnologia propiciou um grande alcance das ofertas, mas a inovação principal está no modelo de negócio.

O livro está dividido em quatro partes. Na primeira, dou um panorama geral do que mudou no mundo dos empreendimentos. As disrupções que vêm acontecendo não deveriam pegar tantas empresas de surpresa. Há elementos comuns nesses movimentos que nos permitem até afirmar que são previsíveis. A Accenture já desenvolveu até um "índice de disruptabilidade",[3] que mostra a propensão do segmento a sofrer disrupção. Aliás, a Accenture fez também uma pesquisa interessante, em 2018, na qual perguntou a mais de 3.500 CEOs de grandes empresas no mundo todo se eles consideravam que seu segmento passaria por uma ruptura nos três anos seguintes. Mais de 70% responderam que sim. A segunda pergunta era: "E o que você está fazendo para se proteger?". Mais de 60% admitiram que estavam fazendo muito pouco. Se estivessem investindo em inovação, talvez o segmento não chegasse a passar por uma disrupção.

Na segunda parte, abordo a estratégia de inovação, como usar a Inovação Aberta a favor da empresa e como gerar inovação em sua organização. Com a internet, o mundo parece ter ficado menor. Com a pandemia da covid-19, aprendemos que o deslocamento físico nem sempre é necessário, e isso nos ajudou ainda mais a perceber quanto é fácil conectar pessoas em localizações distintas e trabalhar com elas estejam onde estiverem. Isso potencializa o conceito de Inovação Aberta, que sugere que é mais fácil para a empresa inovar se ela trouxer parceiros de fora para colaborar, em especial as startups.

Na terceira parte, apresento o elemento principal da inovação: a cultura organizacional. A cultura é a grande vantagem competitiva da era digital. Por causa dela, os produtos podem ser copiados, mas não serão sustentáveis no longo prazo. Lembro-me de quando um grande banco brasileiro começou a se incomodar com o sucesso do Nubank, em 2016, e resolveu desenvolver um aplicativo para concorrer com o da *fintech*. Em alguns meses, o aplicativo estava pronto e havia ficado até um pouco melhor do que o do Nubank. Fui convidado a testar e, na primeira compra, estourei o meu limite. Liguei para a central de atendimento e pedi um boleto para pagar a fatura adiantada e, assim, ter o limite à minha disposição novamente. Precisei explicar três vezes o que queria para, então, ouvir que, mesmo pagando adiantado, o valor só seria reconhecido na data do vencimento da fatura, quase trinta dias depois. Ou seja, para realizar novas despesas, eu teria que esperar por todo esse tempo. Eu até entendo os motivos para isso e sei que não é simples mudar um sistema que controla essa funcionalidade, porque ele está plugado em muitos outros, todos com regras de negócios já definidas. Porém, é algo que dificilmente aconteceria em uma startup, porque o time não aceitaria isso facilmente, está na cultura da empresa. Claro que uma startup nasce como um papel em branco, sem legados. Mas, independentemente disso, há um foco real no cliente, em sua experiência como um todo. Isso está no DNA da organização. Está na cultura. Por isso, a cultura é a vantagem competitiva sustentável na era digital; porque é ela que vai permitir que a empresa se reinvente todos os dias, crie novos produtos e melhore a experiência do consumidor.

Na quarta parte do livro, é a hora de pôr a mão na massa, de colocar a inovação em prática. Nela, conto a você quais são os desafios com que as empresas tradicionais se deparam, como se cria uma reputação no ecossistema de inovação, como aplicar métodos ágeis. Também falo da importância de desaprender, que é a capacidade de se desconectar dos processos existentes e repensar as soluções a partir do problema original que a empresa resolve. E, para isso, há um traço da cultura judaica que pode ajudar bastante. Em hebraico, chama-se *Chutzpah*. Não há um termo em português que a traduza perfeitamente, mas o que acho que mais se aproxima é "ousadia". A ousadia de tentar algo nunca imaginado, que passa pela coragem de desafiar ideias, não importa de onde ou de quem elas venham, podendo ser até mesmo do CEO. Em uma empresa israelense, o nível hierárquico não importa quando se discute ideias. Isso ajuda as pessoas a pensarem grande e ajuda as empresas a terem produtos mais competitivos, pois eles só vão ao mercado após passarem pelo crivo dos exigentes funcionários.

As empresas realmente inovadoras falam pouco de inovação, porque inovar é parte da sua rotina. Não há um programa de inovação definido, não há uma área focada nela nem uma verba alocada a isso. Esse, simplesmente, é o dia a dia da empresa. As pessoas estão o tempo todo pensando em como melhorar a experiência do usuário, em como trazer mais funcionalidades para o produto. As empresas tradicionais, no entanto, precisam criar um caminho para chegar nesse estágio. É uma longa jornada que pretendo ajudá-lo a trilhar com este livro. Provocando as discussões necessárias para que a cultura inovadora se desenvolva e se espalhe, contaminando todos na organização.

SÃO

CAPÍTULO

DISRUPÇÃO NÃO ACONTECE DE REPENTE

APÓS O SUCESSO DE EMPRESAS COMO UBER, NETFLIX e Airbnb, o termo "disrupção" entrou no vocabulário popular. Segundo o dicionário Michaelis,[1] disrupção é o "ato ou efeito de romper" ou, ainda, a "quebra do curso normal de um processo". No mundo do empreendedorismo, atribui-se o termo a uma mudança radical introduzida por uma determinada empresa em seu segmento. Como a Uber fez com a indústria do transporte de passageiros, a Netflix no segmento de entretenimento e o Airbnb no mercado hoteleiro.

Segundo o professor do MIT Charles Fine em seu livro *Clockspeed*,[2] a disrupção acontece quando um entrante introduz um novo modelo de negócio em um segmento e os líderes passam a copiá-lo. Se aplicarmos esse conceito às empresas citadas acima, concluímos que foi o que aconteceu, por exemplo, com as cooperativas de táxi que criaram os próprios aplicativos, semelhantes ao da Uber, e com outras empresas que passaram a usar o mesmo conceito e modelo de compartilhamento de bens, como bicicletas e patinetes. No caso da Netflix, responsável por popularizar o *streaming*, várias empresas também imitaram seu modelo de negócio: Amazon, Disney, HBO, entre outras. E, no caso do Airbnb, redes hoteleiras mudaram seu modo de atuação para fazer frente competitiva ao novo concorrente.

A origem do termo "inovação disruptiva" se deu em um artigo do professor Clayton Christensen chamado "Disruptive Technologies: Catching the Wave" [Tecnologias disruptivas: pegando a onda, em tradução livre].[3] Ali, ele se referiu pela primeira vez ao termo como parte do espectro da inovação. De um lado, estava a inovação sustentadora, aquela que representa uma melhoria feita em um produto ou processo existente. E, de outro, a inovação disruptiva, aquela que rompe com a oferta atual, normalmente por meio de um produto mais simples e barato, fazendo com que novos consumidores passem a ter acesso àquele segmento de mercado. Dois anos depois de ter escrito esse artigo, o professor da Harvard Business School publicou o clássico livro *O dilema da inovação*,[4] que, mesmo mais de vinte anos após sua publicação, continua incrivelmente atual.

Com o passar do tempo, entretanto, o termo "disrupção" foi sendo distorcido e usado de maneira inadequada. Além de servir para designar quase toda e qualquer inovação, acabou associado a algo que acontece de modo repentino e que surpreende o mercado. Isso decorre do fato de que a maioria das disrupções recentes foram iniciadas por startups como Paypal, Facebook, Tesla e as já citadas, que, normalmente, encontram-se fora do radar das grandes empresas e só passam a ser conhecidas quando já atingiram um tamanho significativo no mercado, passando a representar algum tipo de ameaça na indústria. Em geral, essas startups já estão há anos atuando no segmento, às vezes sendo filhotes de outras iniciativas que falharam no passado. Mas, como foram ignoradas pelos grandes *player*s em toda essa trajetória, fica a impressão de que surgiram do nada e conquistaram mercado de maneira muito rápida.

A Tesla iniciou suas atividades em 2003 a partir do sonho de dois engenheiros, Martin Eberhard e Marc Tarpenning.[5] Um ano depois, Elon Musk se juntou a eles como investidor e assumiu o cargo de presidente do conselho administrativo. Eles acreditavam ser possível projetar e fabricar veículos totalmente elétricos, que viriam a substituir os modelos a combustão. O primeiro veículo saiu em 2006 com uma produção muito limitada. A BBC fez um *review* do carro em seu programa *Top Gear* com tantas críticas que a Tesla entrou com uma ação por difamação contra a emissora. Em 2008, a empresa lançou seu segundo modelo, o Model S. Nesse momento, Elon Musk assumiu como CEO para tentar conter uma grande crise que quase levou a empresa à falência. Após receber um investimento de 40 milhões de dólares, a Tesla encarou outro problema no início de 2009: um *recall* de segurança que apontava problemas no sistema de parafusos das rodas traseiras. Os técnicos da empresa foram às casas dos proprietários para corrigir o defeito. Ainda naquele ano, Eberhard entrou com uma ação contra Musk, e os dois fundadores deixaram a companhia. Em 2010, a empresa faz o seu IPO[6] na Nasdaq[7] e, com o dinheiro, abriu sua principal fábrica em Fremont, na Califórnia.[8] Em 2013, sete veículos pegaram fogo, alguns depois de acidentes e outros por defeito de fabricação, pois incendiaram parados enquanto carregavam. Por pouco a empresa não foi vendida naquele mesmo ano. Para realizar uma contenção de danos, Musk deslocou todos os funcionários para as áreas de vendas e entrega de carros. Em 2015, o cenário da Tesla começou a mudar. O Model S passou de 100 mil unidades vendidas, e o Model X foi entregue. Os carros receberam um *update* com o piloto automático, tonando-se semiautônomos. Em 2020, suas ações valorizam mais de 700%. Em janeiro de 2021, ela passou a ser a quinta empresa mais valiosa do S&P 500 (um dos mais famosos índices do mercado financeiro), com valor de mercado superior a 700 bilhões de dólares.[9]

Durante todos esses anos, as montadoras tradicionais do mercado automobilístico olharam para a Tesla com um misto de desconfiança e desprezo. Não acreditavam que aquela pequena empresa poderia se tornar a gigante que é em 2021, valendo mais do que as dez maiores montadoras do mundo juntas:[10] Volkswagen, Toyota, Ford, Honda, GM, Stellantis, BMW, Mercedes-Benz, Nissan e Hyundai.

A XP Investimentos atingiu, em março de 2020, um valor de mercado maior do que o do Banco do Brasil ou do Santander. Porém, isso não aconteceu de uma hora para outra. Essa história começou bem antes da própria corretora. No fim dos anos 1990, surgiram as primeiras *fintechs* de investimentos no Brasil. A NetTrade foi a primeira; depois, fez uma fusão com a Patagon, e a nova companhia foi adquirida por mais de 500 milhões de dólares pelo Santander. Após a aquisição, a empresa perdeu *market share* e abriu oportunidade para um concorrente, a Ágora. De 2002 a 2008, a Ágora liderou o mercado brasileiro, chegando, no auge, a bater 34% de *market share* no *home broker* contra 6% do segundo colocado, o Itaú. Uma liderança sólida e isolada, que foi desmantelada após a venda da empresa para o Bradesco, em 2008. No período em que a Ágora foi líder, o mercado de ações para pessoa física no Brasil cresceu 35 vezes. Após ser vendida para o Bradesco, abriu-se espaço para o crescimento de uma pequena corretora do sul do país que já estava se preparando para abraçar alguma oportunidade há quase uma década. Com competência e ousadia, a XP apostou em um modelo de negócio diferente, baseado no canal Agente Autônomo de Investimentos,[11] e se tornou um dos maiores *players* do mercado financeiro nacional. Fez seu IPO na Nasdaq em 2019 e assumiu o papel de protagonista da transformação do mercado. Sua ascensão, porém, está longe de ser repentina. Ela estava lá desde 2001, trabalhando arduamente, testando caminhos para o seu crescimento, até que ele surgiu. Só surpreendeu aqueles que estavam distantes do ecossistema da inovação.[12]

A visão de que a disrupção acontece de maneira repentina é ruim, porque passa a ideia de algo inesperado, difícil de prever.

Se a empresa é incapaz de prever o que vai acontecer, significa que ela não vai ter condições de se preparar para enfrentar o que vier pela frente. E, ao se ver nessa posição, será surpreendida e só restará uma atitude: reagir, ou seja, se defender. Um líder de mercado, entretanto, deveria se antecipar às mudanças do seu setor e assumir o papel de protagonista, e não apenas se colocar em posição de defesa.

A Rede Globo, líder absoluta no entretenimento brasileiro durante tantas décadas, precisou reagir ao estrago que a Netflix fez no mercado.[13] Segundo a consultoria especializada norte-americana Bernstein, em meados de 2020,[14] a Netflix já tinha mais assinantes do que a TV a cabo no Brasil. Segundo um estudo da Demanda, empresa de pesquisa do setor, feito em 2019,[15] antes da pandemia da covid-19, 37% do tempo que o brasileiro passava em frente à televisão era usando um serviço de *streaming*. A Globo reagiu, criou o próprio serviço de *streaming*, lançou aplicativos e fez parcerias. Mas tudo o que fez foi, como eu disse, uma reação ao que já estava no mercado. Como líder do setor há tantos anos, caberia a ela o papel de encabeçar a inovação e conduzir esse processo, o que teria evitado perdas financeiras e mercadológicas.

Olhando para as disrupções que aconteceram em diversos segmentos, enxergo três fatores presentes em quase todas:

1 – MARGENS ALTAS

Mercados com margens de lucro altas costumam atrair atenção de investidores. Em muitos casos, esses segmentos são compostos por oligopólios, um pequeno número de empresas que domina e se perpetua no mercado. Com margens altas, essas empresas sentem-se pouco desafiadas a arriscar, tendem a fazer apenas melhorias incrementais nos produtos existentes para não colocar em risco o que está dando certo. Assim, acabam criando mercados atrativos para novos entrantes, pois uma empresa nova nasce sem processos e sistemas legados e, com isso, tende a ser mais eficiente, podendo entrar no mercado com preços muito mais baixos que os praticados pelos concorrentes.

Quando a Ágora criou o seu *home broker*, em 2000, as corretoras cobravam uma taxa de corretagem variável, cerca de 0,5% do valor da compra ou venda de ações. Ao entrar com um modelo operacional diferente, no qual as ordens de compra e venda eram executadas eletronicamente, sem interferência humana, chegamos à conclusão de que era indiferente se o cliente estava comprando mil ou 100 mil reais em ações; o custo da operação era o mesmo, portanto, nada mais justo que o preço fosse único. Ao constatar que a Charles Schwab, nos EUA, já operava dessa maneira, não restou dúvida: a Ágora estabeleceu uma taxa fixa de 20 reais para qualquer operação. O detalhe é que a taxa média praticada à época no mercado era de 520 reais! Ou seja, a nova entrante provocou uma redução drástica no preço do serviço, ainda assim, preservando a lucratividade da operação.

2 – MARCAS POUCO AMADAS

O mundo digital, especialmente esse em que passamos a viver desde 2010, com o amadurecimento da internet e dos *smartphones*, impôs um novo tipo de relacionamento entre consumidores e empresas: uma relação de amor à marca.

Em junho de 2010,[16] chegou às lojas da Apple o iPhone 4, fazendo com que milhares de consumidores se aglomerassem em filas que davam voltas nos quarteirões vizinhos às lojas da fabricante. Após alguns dias, um sentimento de frustração dominou os felizardos que haviam conseguido comprar o novo *smartphone*: a Apple admitiu uma falha técnica na antena do aparelho que o impedia de receber o sinal completo da operadora, fazendo com que as pessoas não conseguissem realizar ou receber chamadas em muitas das tentativas. Ora, nesse caso, seria possível imaginar milhares de protestos e ações coletivas na justiça buscando a compensação das perdas provocadas por um defeito grave na principal função do produto. Mas nada disso aconteceu, os clientes

UM LÍDER DE MERCADO,
ENTRETANTO, DEVERIA
SE ANTECIPAR
ÀS MUDANÇAS
DO SEU SETOR E
ASSUMIR O PAPEL
DE PROTAGONISTA,
E NÃO APENAS
SE COLOCAR EM
POSIÇÃO DE DEFESA.

esperaram pacientemente pela solução, que acabou sendo ainda mais inusitada que a situação em si: os consumidores deveriam comprar uma capa que custava 29 dólares. Ou seja, além de ter que arcar com um investimento adicional, o usuário ainda ficaria restrito a usar a capa determinada pela companhia, independentemente de gostar ou não do modelo e das cores. O mais surpreendente ainda estava por vir: os dias seguintes foram de muita celebração e comentários efusivos de satisfação por parte dos seguidores da marca. Eles estavam radiantes com a solução, que proporcionava a fantástica possibilidade de usarem seus telefones para fazer e receber chamadas.

Isso ocorreu por uma razão muito simples: a marca Apple é amada por seus usuários. Assim como Amazon, Google, Spotify e tantas outras. Basta ver o Net Promoter Score (NPS) dessas marcas.[17] Não sou fã do NPS, não acredito em indicadores que usem métodos tradicionais de pesquisa (entrevista pessoal), porque creio que as decisões do ser humano são emocionais, e não racionais. O componente racional vem depois da decisão tomada. Além disso, quando o usuário responde a uma pesquisa como a do NPS, ele está acessando suas motivações conscientes. Porém, o que o leva a escolher uma marca é algo mais profundo, que somente métodos neurocientíficos, como eletroencefalograma e ressonância magnética, conseguem aferir. Ainda assim, o NPS tem o mérito de ser um indicador universal atualmente, sendo usado por empresas de todos os tamanhos no mundo todo. O que ele mede é a predisposição (declarada) do usuário em indicar aquela empresa a amigos. Por isso, diz-se que ele mede a satisfação do usuário. O ponto aqui é que as empresas digitais normalmente possuem NPS na casa de 70/80,[18] enquanto empresas tradicionais lutam para passar da faixa dos 40/50. Claro que existem exceções, mas essa é uma regra que tem se verificado, independentemente da atividade e do local.

Se olharmos para qualquer segmento, encontraremos marcas que classifico em quatro categorias: odiadas, toleradas, admiradas e amadas. As marcas odiadas normalmente são de empresas que têm uma forte barreira de saída. A NET, empresa de telecomunicações, esteve dentro dessa categoria durante muito tempo, por exemplo. O número de reclamações nos órgãos de defesa do consumidor era grande, além de ser comum encontrarmos pessoas insatisfeitas com o serviço. Porém, seu principal concorrente usava o sinal por satélite em vez da transmissão por cabo, o que fazia com que a troca de fornecedor nem sempre fosse viável. Assim, os clientes acabavam ficando na operadora. Com a entrada dos novos e diferentes concorrentes, como a plataforma de *streaming* Netflix, a empresa precisou melhorar seu relacionamento com os consumidores. Mas, ainda assim, o NPS divulgado pelo Instituto Ibero Brasileiro de Relacionamento com o Cliente (IBRC) em 2019 era de 40,[19] considerado bem baixo. Com o histórico da NET, eu a classificaria como uma marca tolerada.[20]

Já as marcas admiradas são aquelas que têm ações com as quais os consumidores simpatizam. A Natura é uma marca que considero admirada, porque as pessoas exaltam suas causas, por exemplo, nos temas relacionados à Amazônia, ao lixo, aos ingredientes naturais usados em suas fórmulas, à preservação da biodiversidade local etc. O que difere as marcas admiradas das amadas é que as amadas são empresas cujos clientes toleram erros e, em qualquer situação, atuam como seus embaixadores, defendendo-as em qualquer discussão. A Apple é um bom exemplo, e o caso do iPhone 4 ilustra bem isso. Outro caso de empresa que já sofreu com problemas em seu produto e continua tendo uma legião fiel de consumidores é a Tesla, que possui NPS de 96,[21] um dos maiores já obtidos.

Acredito que as empresas líderes do futuro serão as que estiverem na categoria das amadas. É por esse motivo que mercados cujas marcas dominantes não são amadas pelos consumidores têm grande chance de sofrer uma disrupção no caminho.

3 – BARREIRAS DE ENTRADA SUPOSTAMENTE ALTAS

O modelo de estratégia competitiva de Michael Porter* foi usado por décadas para analisar indústrias e desenhar estratégias.[22] Ele trouxe o conceito de barreiras de entrada, que consiste em um fator que dificulta a entrada de um novo *player* em uma indústria. As barreiras de entrada sempre estiveram ligadas a regulamentação, necessidade de capital, domínio da tecnologia e acesso à cadeia de valor (consumidores, fornecedores, canais de distribuição etc.). Aos poucos, uma a uma, elas foram se tornando menos fortes no mundo digital. As regulamentações, que, antes da internet, levavam tempo para serem alteradas, após o uso mais intensivo dos *websites* e aplicativos, vêm mudando com grande velocidade em uma constante busca por se adaptar à evolução da tecnologia. Setores como saúde e serviços financeiros, que sempre se protegeram com fortes regulamentações, têm sido desafiados pelos órgãos reguladores no mundo todo. Esses órgãos passaram a ver, na flexibilização das regras, um caminho para a inovação e o aumento da competitividade e, com isso, estão promovendo mudanças estruturais nas indústrias. Em serviços financeiros, países como Cingapura, Austrália, Estônia e Reino Unido são bons exemplos. Mas não precisamos ir tão longe: o Brasil tem grandes exemplos de reguladores (com destaque para o Banco Central) que vêm fomentando a inovação nas áreas de pagamentos, crédito e outras mais.

A necessidade de capital também deixou de ser uma barreira por dois fatores: novos modelos de negócio conseguem transpor essa barreira, e, em uma era de taxas de juros próximas de zero ou até mesmo negativas, os mercados foram inundados por liquidez, e os fundos de *venture capital* nunca captaram tanto quanto agora, por isso, há dinheiro sobrando para startups. Um exemplo de novos modelos de negócio rompendo barreiras em setores

---

* Michael Porter é um professor norte-americano da Harvard Business School, referência em administração e economia e autor de diversos livros sobre estratégia e competitividade.

intensivos em capital é o do Hyperloop,[23] a aposta de Elon Musk para o transporte rápido de cargas e passageiros. Trata-se de uma cápsula que trafega em um tubo a uma velocidade de 1.200 km/h, o que permitirá reduzir enormemente o tempo de deslocamento em rotas que, hoje, são atendidas por aviões e trens, ou mesmo em autoestradas. A diferença no modelo de negócio é que a empresa dona da tecnologia apenas licencia sua construção, e vários participantes podem viabilizar a implantação do sistema de transporte. Assim, o investimento pode ser diluído, e o acesso à tecnologia é democratizado.

Quando encontramos esses três elementos em um determinado setor da economia, é provável que tenha uma disrupção a caminho. E a coincidência – no sentido mais puro da palavra – desses fatores mostra que a disrupção é muito mais previsível do que se imagina.

CAPÍTULO

POR QUE FICAMOS CEGOS À INOVAÇÃO

EM 2015, O BRITÂNICO DANIEL SCHREIBER RESOLVEU abrir mão de seu cargo como CEO da Powermat, uma fabricante israelense de *hardwares*, para se aventurar na própria startup.[1] Schreiber estava inconformado com a análise que havia feito do mercado de seguros. Em poucas palavras, tratava-se de um mercado gigantesco, pois a maioria das pessoas precisa de algum tipo de seguro, e no qual grande parte dos segurados não confia na sua seguradora. Segundo os dados que ele havia levantado, esse parecia ser um fenômeno global, o que apontava para uma grande oportunidade. Após ser apresentado ao israelense Shai Wininger, que, anos antes, havia fundado a Fiverr, um dos maiores *marketplaces* globais de *freelancers*, os dois resolveram fundar a Lemonade.

Dois anos depois, em 2017, em um grande evento do setor em Nova York,[2] durante um painel com líderes da indústria, o moderador perguntou de que maneira startups como a Lemonade poderiam ameaçar as grandes seguradoras. O primeiro painelista a responder, um executivo de uma das grandes seguradoras norte-americanas, começou dizendo que não conhecia a tal da Lemonade, mas que startups no segmento de seguros tinham boas oportunidades na área de distribuição, tradicionalmente feita pelos corretores de seguros. Entretanto, disse que dificilmente conseguiriam inovar como uma seguradora, já que esse é um negócio que exige capital e muito conhecimento técnico.

Em julho de 2020, a Lemonade fez seu IPO,[3] sendo avaliada em mais de 1 bilhão de dólares e, provavelmente, agora é uma dor de cabeça para aquele executivo que ignorava sua existência apenas poucos anos antes.

Para quem está presente no ecossistema de inovação, a Lemonade não passou despercebida. Foram sete rodadas de investimento e farta presença nos eventos e na mídia especializada. Para esse público, não é surpresa o seu sucesso. Entretanto, casos como o da Lemonade são quase que a regra nos mais diversos setores. As empresas mais tradicionais acabam se surpreendendo quando tomam conhecimento das startups inovadoras, pois isso acontece quando elas já atingiram um patamar de negócios significativo.

Sabemos que essas inovações não acontecem da noite para o dia. Elas são desenvolvidas em um longo processo de validações, muitas vezes baseado empiricamente em erros e acertos. Porém, como os líderes do mercado não acompanham esse processo de perto – ao contrário, em geral estão bem distantes dele –, acabam se surpreendendo e tendo a sensação de que ele aconteceu de maneira rápida.

Em 1996, quatro jovens israelenses criaram o ICQ, o primeiro comunicador instantâneo da internet. O nome vinha da pronúncia das três letras, que, em inglês, formavam *I seek you* (eu procuro você).[4] Segundo o site Visual Capitalist,[5] seis meses após o seu lançamento, o sistema atingiu a marca de 1 milhão de usuários.

Em julho de 1999, o ICQ ganhou um concorrente:[6] o MSN Messenger. Tendo por trás a Microsoft, o MSN foi rapidamente ganhando novas funcionalidades e, junto com elas, novos adeptos.

Em 2007, passou a se chamar Windows Live Messenger e, nele, o usuário podia compartilhar arquivos e usar os *emoticons* animados. Somente na América Latina, o número de usuários atingiu a marca de 40 milhões de internautas.

Dois anos depois, em 2009, um jovem ucraniano desempregado resolveu criar um aplicativo para se comunicar com os amigos.[7] Nascia, então, o WhatsApp. Cinco anos depois, a rede já possuía 500 milhões de usuários. Em 2020, bateu 2 bilhões de pessoas, atingindo os mais diferentes segmentos da população.

Nesse tempo todo, o que estavam fazendo as empresas de telecomunicação? O quão próximo elas estavam de todo esse movimento e por que tiveram dificuldade em enxergar o que estava tão próximo de seus olhos? Há algumas razões que explicam a cegueira que parece atacar as empresas líderes em seus segmentos.

DESPREZO PELOS PEQUENOS

No passado, grandes empresas competiam com grandes empresas. As pequenas costumavam ser desprezadas pelas corporações, pois não representavam uma ameaça. No máximo, uma pequena empresa conseguia competir localmente com uma grande corporação. Imagine um supermercado de bairro competindo com uma grande rede global de supermercados. Ele podia até prejudicar as vendas de uma loja da rede em um bairro específico, mas isso não era suficiente para tirar o sono do executivo da grande rede, pois ele sabia que não havia maneira de esse empresário expandir seu negócio a ponto de ameaçá-lo, já que isso exigiria um investimento tão grande que se tornava algo quase impossível.

Com o advento da era digital, acabaram-se as barreiras geográficas e os limitadores de crescimento. Se antes um varejista precisava abrir várias lojas para crescer, agora um site de *e-commerce* é capaz de crescer sem lojas físicas e até mesmo sem estoque de produtos. Com isso, startups passaram a poder brigar com os líderes dos segmentos de igual para igual. Fundamentalmente, o que mudou foi a capacidade de um negócio crescer e a velocidade com que isso acontece. A expansão de um negócio exigia muito capital e muito tempo. Com o advento da era digital, ela pode custar pouco ou nada, crescendo com o próprio dinheiro gerado na operação – técnica conhecida como *bootstrap* –,[8] e isso pode levar apenas alguns meses.

As grandes empresas, no entanto, ainda têm dificuldade em perceber essa mudança. E aí acontece algo curioso em relação aos indicadores de desempenho. Startups olham para indicadores diferentes dos das corporações. Enquanto estas últimas estão buscando bater metas relativas a receita, lucratividade, retorno sobre investimento e outros índices de desempenho financeiro, as startups, em geral, estão correndo atrás de NPS, taxa de crescimento da base de clientes e custo de aquisição de cliente. O interessante é que, quando as grandes empresas analisam as startups, é comum elas usarem os próprios indicadores para avaliá-las. Por chegarem a números muito ruins, concluem que elas são competidoras desprezíveis. Digo isso, pois já ouvi diversos executivos de grandes bancos brasileiros afirmarem que o Nubank não apresenta lucro no seu balanço, portanto, não ameaça os grandes bancos. A questão é que o Nubank não está buscando lucro nesse momento. Seu foco é no crescimento da base de usuários, com a maior satisfação possível.

Em janeiro de 2011, os amigos Mark Levine e Michael Dubin se encontraram em uma festa, e, no meio da conversa, Mike comentou que só se lembrava de comprar lâminas de barbear quando elas estavam gastas e precisando de reposição.[9] E que, apesar de ser um problema aparentemente bobo, o transtorno que causava era enorme. Para sua surpresa, Michael disse que acontecia exatamente o mesmo com ele, e os dois passaram a noite lembrando casos em que o problema acabou acarretando situações altamente constrangedoras! No fim da festa, estava criada a Dollar Shave Club, uma startup de assinatura de lâminas de barbear.

Nos anos seguintes, a empresa foi crescendo, mas mesmo assim seu faturamento ainda era insuficiente para a Procter &

Gamble (dona da marca Gillette) considerá-la uma concorrente. Até que, em 2016, a Unilever entendeu no que ela havia se transformado e pagou caro por isso: 1 bilhão de dólares.[10]

Em resumo, o desprezo das empresas líderes por companhias pequenas sempre existiu. O que mudou na era digital é que as pequenas podem se tornar grandes muito rapidamente. Se no passado essa evolução era linear, hoje constantemente ela se torna exponencial. Um estudo da McKinsey[11] mostrou que, até a década de 1960, uma empresa permanecia, em média, sessenta e um anos no S&P 500. Na década de 2010, esse período caiu para dezoito anos. O mesmo estudo estima que, em 2027, 75% das empresas do índice terão desaparecido, sido compradas, se fundido com outras ou efetivamente quebrado. Sendo, então, substituídas por empresas novas, muitas desconhecidas até o momento. A pequena startup de 2021 pode ser uma gigante em seu setor em poucos anos.

VIÉS DE CONFIRMAÇÃO

O viés de confirmação é amplamente conhecido no campo da psicologia e das finanças comportamentais. Ele nos ensina que nossas crenças são formadas muito antes de uma fundamentação racional e que tudo o que lemos, estudamos ou pesquisamos busca confirmá-las. Construímos crenças nos contextos da família, de amigos, do trabalho e da sociedade em geral por meio de nossas emoções. E depois as defendemos e justificamos usando argumentos racionais. Assim, tudo o que lemos, estudamos e pesquisamos busca confirmar aquilo em que já acreditamos.[12]

Por exemplo, muita gente não acredita nas criptomoedas, não considera que elas tenham valor real. Essas pessoas dificilmente irão investir tempo lendo e buscando conhecimento sobre o tema. Ao contrário, quando acessam algum conteúdo sobre o assunto, normalmente é algo que reforça a visão de que criptomoedas são um modismo ou são um meio de pagamento para fomentar o crime e a lavagem de dinheiro.[13] Isso funciona também para organizações.

Basta ver como a maior parte dos bancos reagiu ao tema durante toda a década de 2010,[14] com bloqueios de contas de usuários que transferiam dinheiro para bolsas de criptomoedas, cancelamento de cartões de crédito que eram usados para compra de criptoativos, entre outras ações. Havia uma motivação racional para as decisões que, muitas vezes, se baseavam na falta de informação sobre o tema. Mas havia algo mais forte, a crença de que um ativo sem lastro não tem valor. E isso pode ser comprovado pelas exceções. Há executivos, em diversos conglomerados financeiros, que são entusiastas das criptomoedas e vêm testando a tecnologia *blockchain*, com soluções de *smart contracts* e *tokenização* em diversas operações, por exemplo. Há experiências muito interessantes sendo desenvolvidas em bancos do mundo todo. E o que direciona esse movimento são motivações muito mais pessoais do que institucionais.

O viés de confirmação nos prende a uma visão apaixonada sobre um assunto em detrimento de um tratamento mais frio ou mesmo científico. As organizações não deveriam se deixar levar por decisões de maneira tão emocional. Uma abordagem mais técnica e isenta sobre temas novos aumenta a sua capacidade de inovação.

QUEDA DA FRONTEIRA ENTRE SETORES

Antes da era digital, comparávamos produtos e serviços de empresas concorrentes dentro de um mesmo segmento econômico. Quando íamos a uma loja de eletrodomésticos, comparávamos a nossa experiência com aquela que tivemos na melhor loja do mesmo ramo. Quando íamos ao banco, comparávamos a experiência com a vivida em outros bancos. Essa era a referência.

No mundo digital, isso mudou. Houve uma enorme evolução no elemento "conveniência". A tecnologia trouxe facilidade para o nosso dia a dia. Tudo ficou mais fácil. Fazer as compras do supermercado, comparar os preços e as características do seu novo carro ou da sua nova TV, pedir comida em casa, pagar as contas do mês, pedir táxi, tirar uma foto, ler um livro, ouvir sua música preferida, se comunicar com pessoas distantes, fazer um curso. A era digital trouxe a conveniência de se poder fazer todas essas coisas em segundos com o *smartphone* na palma da mão. O esforço necessário para executar essas tarefas diminuiu drasticamente. E isso mudou as expectativas do consumidor de maneira significativa. Nós nos tornamos pessoas mais imediatistas, menos tolerantes a processos complexos. Queremos tudo pronto em segundos, com poucos cliques. Queremos que tudo funcione, independentemente da complexidade do que estamos executando.

Para um usuário se cadastrar em um aplicativo para ouvir música, ele precisa fornecer apenas o seu nome e e-mail. Para comprar um brinquedo para o seu filho, precisará fornecer endereço completo, CPF, dados bancários ou do cartão de crédito para efetuar o pagamento. E, para abrir uma conta em um banco, ele precisará preencher um cadastro cujas informações são exigidas pelos órgãos reguladores. Essas três tarefas têm complexidades diferentes. A natureza do que o usuário está fazendo e os riscos que envolvem são muito diferentes. Porém, na mente do consumidor, por mais que saiba disso, ele não vai tolerar o preenchimento de um cadastro em um banco como era há dez anos atrás: um formulário de quatro páginas, que pede dados como referências pessoais e comerciais, um cartão de assinaturas, tudo precisando ser feito de maneira presencial e conferido e assinado por um gerente na agência. E também não vai tolerar a mera transposição desse processo para o meio digital. Ele vai exigir uma experiência similar à do *player* de música ou à do *e-commerce* onde comprou o brinquedo do filho. Ele sabe que o processo poderá levar alguns minutos a mais, porém a distância entre as experiências não pode ser tão grande, porque passamos a comparar experiências de uso, e isso transcende as barreiras dos segmentos.

Isso impõe um desafio relevante para as empresas mais tradicionais, que montaram seus processos e sistemas há anos e agora precisam se adaptar a essa nova realidade. Para uma startup, isso é bem mais fácil, pois ela parte de uma folha em branco. Já em uma empresa estabelecida, isso representa uma mudança relevante, que inclui não só alterações nos processos e sistemas, mas

NÓS NOS TORNAMOS PESSOAS MAIS IMEDIATISTAS, MENOS TOLERANTES A PROCESSOS COMPLEXOS. QUEREMOS TUDO PRONTO EM SEGUNDOS, COM POUCOS CLIQUES. QUEREMOS QUE TUDO FUNCIONE, INDEPENDENTEMENTE DA COMPLEXIDADE DO QUE ESTAMOS EXECUTANDO.

principalmente no modo como a equipe enxerga esse novo mundo, o que significa uma mudança na cultura. O time precisa entender que a conveniência deve ser perseguida de maneira obsessiva. Não adianta tentar fazer o consumidor entender que esse ou aquele processo é necessário, que é importante fornecer um documento ou assinar outro. Mesmo que seja para a segurança do próprio consumidor. Porque ele está cada vez mais exigente.

DISTÂNCIA DO ECOSSISTEMA DE INOVAÇÃO

O mundo das startups se tornou uma verdadeira indústria. Há, hoje, um ecossistema ao redor delas, que inclui: investidores-anjo, fundos de *venture capital*, aceleradoras, incubadoras, universidades, centros de pesquisa, espaços de *coworking*, *hubs* de inovação, governo e empresas (com seus programas de Inovação Aberta). Cada um dos participantes desempenha um papel, ajudando a fomentar a inovação.

Para uma empresa que queira estar inserida nesse ecossistema, não basta se relacionar com startups. É importante que ela se conecte com vários desses *players* e que faça isso através de um time dedicado, que entenda a linguagem do ecossistema e que tenha relevância internamente na organização.

Como essa realidade é algo novo para a maioria das empresas ainda hoje, o que mais vemos é uma distância das companhias em relação ao ecossistema da inovação. Muitas até acreditam que estejam conectadas a ele, porque visitaram o Vale do Silício em uma missão ou porque ouviram *pitches* de startups em alguns eventos. Mas, para estar de fato conectado, é preciso, em primeiro lugar, entender como as startups nascem, como se desenvolvem, como os empreendedores trabalham, quais são seus desafios diários, como são financiadas, como são avaliadas. Em segundo lugar, é preciso conectar-se aos demais participantes: os investidores, os *hubs*, as aceleradoras e demais *players*. É preciso conviver com eles para entender suas motivações e dificuldades e participar do seu cotidiano. E, por último, é fundamental definir uma estratégia de

Inovação Aberta, com objetivos, iniciativas, orçamento, time dedicado e indicadores de desempenho. E é importante que o time dedicado tenha mente aberta e poder dentro da organização. Não funciona mandar o estagiário se conectar com o ecossistema.

A maioria das iniciativas das empresas para na primeira etapa, no *pitch* de alguma startup, e elas acabam na ilusão de que estão conectadas ao ecossistema. Na verdade, têm pouca visibilidade sobre o que está acontecendo de verdade nesse mundo paralelo, só passam a conhecer as startups de verdade quando elas já escalaram suas operações e começaram a roubar parte de sua receita.

EVOLUÇÃO EXPONENCIAL DAS TECNOLOGIAS

Historicamente, aprendemos a pensar de maneira linear. Até uma ou duas gerações atrás, as mudanças ocorriam lentamente, e era mais fácil prever o momento em que elas ocorreriam. De um tempo para cá, entretanto, isso mudou, e as tecnologias passaram a evoluir de modo exponencial. Isso significa dizer que ficou muito mais difícil prever, por exemplo, quanto tempo uma determinada tecnologia levará para se tornar economicamente viável. Porque, enquanto pensamos de maneira linear, ela evolui de maneira exponencial. Essa visão foi disseminada pela Singularity University em seus cursos na Califórnia e nos livros de seus fundadores Ray Kurzweil, Peter Diamandis e Salim Ismail.

Um exemplo disso ocorreu com a indústria automobilística. Salim Ismail conta em seu livro *Organizações exponenciais*[15] que, no fim da década de 2000, os grandes fabricantes de automóveis estimaram que o LiDAR – equipamento que fica no teto do veículo, com os radares e câmeras, e que é o coração do carro autônomo – precisaria de quase cem anos para tornar viável a produção de veículos autônomos em escala comercial. Isso porque ele custava, nessa época, cerca de 250 mil dólares. Porém, em menos de dez anos, o preço do LiDAR caiu para menos de 10 dólares e deixou de ser um problema. Os fabricantes tradicionais de veículos poderiam estar melhor posicionados hoje no mercado de carros autônomos caso tivessem acreditado na evolução exponencial das tecnologias.

Uma das razões para que as empresas não enxerguem esse potencial é o que a Singularity University chama de "fase da decepção".[16] Ela ocorre no início da evolução da tecnologia, quando ela ainda é cara e ruim tecnicamente. Por exemplo, como acontece com os assistentes virtuais dos celulares de hoje, como a Siri ou o Google Assistant. Embora muito interessantes, as pessoas os usam para poucas tarefas, como perguntar a previsão do tempo, pedir para tocar uma música ou fazer uma ligação. Não se pode fazer muito além disso; eles entendem errado alguns comandos e dão respostas que não tem relação nenhuma com o que perguntamos. Por isso, muitas vezes, decepcionam o usuário. Mas sua tecnologia continua evoluindo e de maneira exponencial. Já existem robôs de atendimento que suspiram como seres humanos, que mudam seu tom de voz para exprimir uma emoção. E há alguns que simulam tão bem a voz humana que é praticamente impossível percebermos que é um robô falando do outro lado. Em poucos anos, esse será o padrão dos assistentes de voz. Já há juristas pensando em leis que obriguem as empresas a informar quando o atendimento for feito por robôs, porque será impossível para um ser humano diferenciar.

Mas como será que as empresas de *call center* estão se preparando para isso? Será que elas estão de fato acreditando que, em poucos anos, não precisarão ter os milhares de funcionários que têm e logo se tornarão empresas de tecnologia? Que poderão substituir prédios enormes por nenhum espaço, já que, em tese, os robôs poderão estar na nuvem? Que quando isso acontecer seus concorrentes serão outros? E que seu modelo de negócio vai mudar completamente, porque não cobrarão mais por pontos de atendimento?

Essa é a importância de se entender a evolução exponencial das tecnologias. Esse entendimento dá às empresas a oportunidade de se preparar para a nova realidade e não deixar que a disrupção as leve embora do mercado.

POR QUE FICAMOS CEGOS À INOVAÇÃO

CAPÍTULO

OS QUATRO ESTÁGIOS DA INOVAÇÃO ABERTA

OBSERVANDO A RELAÇÃO ENTRE EMPRESAS TRADICIONAIS e startups e o desenvolvimento da capacidade inovadora das empresas nos últimos vinte anos, seja como empreendedor, investidor, executivo ou como consultor de grandes corporações nacionais e globais, vejo um caminho evolutivo comum, independentemente do segmento econômico, com quatro estágios pelos quais a maioria das empresas passa. São eles: rejeição, atenção, aproximação e colaboração.

FASE 1 – REJEIÇÃO

Na primeira fase, REJEIÇÃO, as grandes corporações ignoram as startups. Em alguns casos, até as desprezam. A rejeição tem origem nos cinco elementos da cegueira à inovação, descritos no capítulo anterior. Tive o privilégio de acompanhar o nascimento do Nubank no Brasil.[1] Segui sua trajetória desde os primeiros passos, em uma pequena casa no Brooklin, em São Paulo.

Conversando ali com David Vélez, o fundador, dava para sentir que ele estava construindo algo que iria se tornar muito grande. Ele tinha a experiência de investir e acompanhar o crescimento de vários empreendedores. Havia morado em diferentes países, tinha uma visão clara das semelhanças e diferenças entre os mercados, do ponto de vista da regulação, cultura, economia, concorrência e produtos. Havia estudado em detalhes o modelo de crescimento do Capital One e do TCS na Rússia, onde, inclusive, passou alguns meses antes de vir montar o Nubank no Brasil. O projeto era todo muito consistente, e estava claro que ele tinha a energia e capacidade de execução necessárias, além de ter investidores de peso por trás. A oportunidade era tão grande que o Nubank escolheu começar por um produto mais do que maduro no mercado nacional: o cartão de crédito, criado cinquenta anos antes. As margens eram altas, as marcas dos emissores não tinham boa imagem junto a seus usuários, a regulamentação aparentava ser uma barreira. Estavam presentes as três características dos mercados vulneráveis à disrupção.

Durante alguns anos, eu ouvi de executivos de grandes bancos brasileiros algo como: "Quero ver quando o Nubank vai começar a ganhar dinheiro". Eu entendo a colocação. Realmente, existem muitas empresas no mundo digital que atingem um valor de mercado muito alto, mas não são lucrativas. Porém, é importante atentar para duas coisas: qual é a estratégia da empresa em relação a crescimento × lucratividade; e como é o *unit economics* da operação, ou a margem de contribuição unitária. Quanto à estratégia, no caso do Nubank, há claramente um direcionamento ao crescimento da base de usuários, ao ganho de *market share* em detrimento do resultado financeiro consolidado.[2] Seus acionistas sabem que o banco vai dar prejuízo por alguns anos, e isso decorre do investimento necessário para o crescimento de sua base. O que não tem a ver com o segundo fator: a margem de contribuição unitária. E isso significa dizer que, se o Nubank quisesse parar de crescer e se mantivesse no tamanho que tem hoje, ele seria uma empresa lucrativa, porque sua operação tem resultado positivo.

As diferenças entre estratégias de empresas tradicionais e startups se refletem nos KPIs – indicadores de desempenho – que elas acompanham. As primeiras olham, em geral, para faturamento, lucro, retorno ao acionista – indicadores financeiros tradicionais. Já as startups perseguem a satisfação do usuário (NPS), taxa de crescimento da base de usuários e custo de aquisição de cliente (CAC). Dificilmente uma startup privilegia a lucratividade em detrimento de crescimento ou satisfação do usuário. Isso não faz parte do seu mindset. Então, é natural que, quando uma empresa tradicional analisa uma startup, ela busque os números a que está acostumada, relacionados a faturamento e lucratividade. E aí, é natural que esses números sejam ruins, levando à conclusão de que o negócio não irá prosperar. Porém, como a startup está focada em outros indicadores, a análise de seus investidores é completamente distinta. Em suma, o que representa sucesso para cada um desses públicos é algo diferente.

Outro fator que agrava ainda mais essa situação é que startups começam focadas em um nicho de mercado: um produto muito específico ou um público-alvo muito bem definido. E, quando empresas tradicionais olham para pequenas empresas muito focadas em um nicho, não costumam enxergar o seu potencial em um mercado maior. Isso aconteceu com o israelense Dov Moran quando ele fundou a M-Systems em 1989.[3] Durante os sete anos anteriores, Moran serviu às forças armadas de Israel. Ele era o soldado que carregava os pesados *hard drives* (HDs) na linha de frente. A mochila que continha o equipamento pesava mais de 10 quilos, e Moran era obrigado a carregá-la em longas caminhadas. Como um aficionado por tecnologia, ele pediu ao seu superior que o liberasse para desenvolver algo mais portátil no laboratório, junto com os engenheiros. Após alguns anos de desenvolvimento, Moran chegou a uma tecnologia capaz de substituir os pesados HDs por um dispositivo que se conecta à porta USB dos computadores. Ao sair das forças armadas, como é comum e estimulado pelo próprio governo de Israel,[4] Moran abriu a própria empresa para explorar a tecnologia desenvolvida. A M-Systems patenteou e colocou no mercado o primeiro *pen drive* USB. As aplicações para ele eram muito específicas naquele momento; seu uso só tinha valor em laboratórios de universidades e no exército. Levou dezoito anos até que sua empresa fosse comprada pela SanDisk por 1,6 bilhão de dólares e o *pen drive* ganhasse inúmeros usos e aplicações em diversos segmentos diferentes. Moran conta que, ao longo desse tempo, fez muitas reuniões com as gigantes da tecnologia, e nenhuma enxergava grande potencial na inteligência que ele havia criado.

No estágio da REJEIÇÃO, o tema "startups" não entra na pauta das reuniões importantes de grandes empresas, pois "isso é perda de tempo". É comum ouvir por aí termos como *funny money*, que traduzem o adágio de que startup é "diversão para jovens". Ou afirmações do tipo: "É '*cool*' trabalhar lá, as pessoas sentem-se motivadas e se divertem, porém a empresa não consegue lucrar. E uma hora a brincadeira acaba, porque alguém vai querer ver a cor do dinheiro". Esse pensamento só faz alimentar o estágio da rejeição, torna as empresas cegas ao que está acontecendo no mercado. Ao se manterem distantes, não conseguem ver o que as startups estão testando e que pode apontar para novos comportamentos do consumidor. Esses testes costumam ser muito mais reais do que as pesquisas de mercado encomendadas de dentro de salas fechadas por especialistas que, com o passar do tempo, se distanciaram do consumidor final. As validações práticas feitas pelas startups vão se convertendo em aprendizados relevantes, que contribuem para tornar os seus produtos cada vez mais aderentes aos desejos do consumidor.

Por isso, afirmo que a fase de REJEIÇÃO se baseia muito mais em um modelo mental do que em elementos concretos de uma análise. E se explica pelos componentes da cegueira à inovação.

AS VALIDAÇÕES PRÁTICAS FEITAS PELAS STARTUPS VÃO SE CONVERTENDO EM APRENDIZADOS RELEVANTES, QUE CONTRIBUEM PARA TORNAR OS SEUS PRODUTOS CADA VEZ MAIS ADERENTES AOS DESEJOS DO CONSUMIDOR.

FASE 2 – ATENÇÃO

Com o passar do tempo, as startups começam a chamar atenção das empresas tradicionais. De tanto ler sobre elas na mídia, ouvir falar em eventos e rodas de conversa, os executivos têm a sua curiosidade despertada e começam a tentar entender por que elas estão fazendo tanto barulho no mercado. Na fase da ATENÇÃO, ainda se olha para as startups sob a ótica dos indicadores tradicionais. Por isso, parte da visão ainda é distorcida. "Há várias *fintechs* ganhando relevância, porém nenhuma de fato consegue substituir um banco tradicional, com todos os seus produtos." Esta frase é um exemplo de distorção que eu ouvi com frequência de executivos de grandes organizações quando era consultor. E, de certa maneira, essa citação é verdadeira, porém há um mal-entendido sobre o que são e como crescem as startups. Na maioria das vezes, elas são focadas em um produto ou um público específicos. São empresas de nicho. Por isso, dificilmente vamos ver uma startup em estágio inicial competir com uma grande empresa na totalidade (ou mesmo em mais de uma) de suas linhas de produto.

Na fase da ATENÇÃO é comum começar a ver circularem na empresa os relatórios sobre o ecossistema de startups, os mapas de provedores como CB Insights, além de serem incorporados nas apresentações internas. Mesmo sem ter um entendimento mais claro do potencial dessas novas empresas analisadas, já há nessa etapa uma sensação de que existe algum valor nas iniciativas e de que vale a pena ficar de olho.

FASE 3 – APROXIMAÇÃO

Após começarem a dedicar tempo para conhecer as startups, as empresas tradicionais começam a se aprofundar na tecnologia desenvolvida por elas, seus modelos de negócio, o modo como tentam resolver as dores dos usuários. É comum que, nesse momento, surja um encantamento por essas pequenas organizações.

É quando se inicia o terceiro estágio: a APROXIMAÇÃO. Aqui, vemos executivos de grandes organizações frequentando eventos de startups, assistindo *pitches* em *demodays*, dando mentoria em programas de aceleração e promovendo *hackathons.*[*] Reuniões são agendadas dentro das empresas, e seus executivos passam a baixar diariamente novos aplicativos com soluções inovadoras. Começam a ver oportunidades de se fazer negócios com startups, e ideias de parceria passam a ser ventiladas.

É nesse estágio que muitos executivos resolvem investir, como pessoa física, em startups. Seja como investidores-anjo diretamente ou por meio de *pools* ou fundos de investimento, se engajam na análise de pequenas organizações em estágio inicial e vão se acostumando a conversar com empreendedores. Esse processo costuma facilitar a transição para o último estágio, a COLABORAÇÃO entre empresas e startups.

FASE 4 – COLABORAÇÃO

O caminho do terceiro para o quarto estágio costuma ser o mais curto. As empresas, nessa fase, resolvem alocar pessoas e recursos para lidar com startups. Programas de Inovação Aberta são desenhados e podem incluir aceleração de startups, *hackathons*, células de inovação, desafios, parcerias, coinovação, investimentos minoritários e até aquisições. Essa é, sem dúvida, a etapa mais complexa, pois, para a colaboração acontecer de fato, é necessária a definição de uma estratégia de Inovação Aberta, que deve considerar três elementos:

- Governança: devem ser estabelecidos objetivos e indicadores de sucesso; deve ser desenhado também um modelo operacional, com definições como estrutura centralizada, descentralizada ou híbrida;

---

[*] Maratona de programação em que desenvolvedores se reúnem para resolver um problema em um período de tempo curto, normalmente um fim de semana ou alguns dias.

- Mindset: a cultura organizacional deve tolerar falhas e experimentação; as pessoas devem estar abertas a questionar suas premissas e reavaliar preconceitos;
- Incentivos: os executivos e as áreas precisam ter incentivos claros para trabalhar com startups; isso deve estar em um programa de recompensa ou de reconhecimento (o que vai depender da cultura organizacional), o importante é que seja um indicador de desempenho mensurável dentro de suas metas.

É importante também salientar que trabalhar com startups não é algo necessariamente barato. Muitas empresas, no início da etapa de COLABORAÇÃO, tendem a achar que, pelo fato de as startups serem empresas pequenas, em que se fala direto com o dono, os testes e pilotos podem ser feitos sem nenhum custo, elas podem se encarregar das integrações sistêmicas necessárias, e as soluções terão preços muito menores do que os dos competidores. Nada disso é necessariamente verdade. Pelo contrário, aliás, trabalhar com startups pode exigir muitos recursos por parte das empresas contratantes. As integrações costumam ser um dos pontos mais críticos desse processo, uma vez que os empreendedores conhecem pouco, em geral, a respeito de sistemas corporativos e dos processos internos das organizações mais tradicionais. A melhor alternativa, normalmente, é a empresa assumir a responsabilidade (e os custos) de integração, porém isso pode custar caro. Então, definitivamente, precisa-se alocar um *budget* para essa iniciativa.

Os quatro estágios tratados neste capítulo compõem um *framework* que facilita o entendimento da relação entre empresas tradicionais e startups. Porém não significa que as empresas se movem em bloco de uma etapa para outra. Ao contrário, esse é um processo que depende de pessoas. São elas que evoluem de um estágio para outro, levando suas áreas e seus times. Assim, é comum vermos organizações em que os quatro estágios estão presentes, às vezes em áreas bem próximas. E isso é um fator que dificulta a relação entre startups e grandes empresas com muita frequência. Por exemplo, é comum uma área se encantar por uma startup, solicitar ao departamento competente que faça a sua contratação, e o jurídico, ou a área de compras, começar a solicitar documentos, como balanços dos últimos três anos, certidões negativas etc., como se estivesse se relacionando com uma grande empresa. Em muitas situações, esses procedimentos acabam por inviabilizar a contratação das startups, indicando que as áreas da empresa estão em diferentes estágios de maturidade nesse relacionamento.

CAPÍTULO

A NOVA ARENA COMPETITIVA

HISTORICAMENTE, AS EMPRESAS SEMPRE ENXERGARAM possíveis ameaças em seus concorrentes identificados como diretos. Ou seja, empresas com as mesmas características, produtos semelhantes e os mesmos mercados de atuação. A Coca-Cola sempre teve a Pepsi como sua grande rival. A Ford competia com a General Motors. E o mesmo valia para a lavanderia da esquina, que competia com as demais lavanderias do bairro, ou para a padaria do bairro, que também via outra próxima como concorrente.

Na era digital, a arena competitiva mudou. A Coca-Cola perde clientes para a startup de sucos prensados a frio, que são saborosos, mantêm os nutrientes das frutas e estão disponíveis em boa parte dos canais onde o cliente comprava o refrigerante para o fim de semana.[1] Os fabricantes de automóveis veem seus clientes deixarem de comprar seus carros para usar Uber ou uma startup de carros elétricos compartilhados. A lavanderia da esquina, por sua vez, pode perder clientes para a Unilever, que passou a oferecer o mesmo serviço através de uma startup parceira.[2] E a padaria que marcou nossa infância vê muitos de seus clientes passarem a receber o pão artesanal em casa, fornecido por um padeiro com experiência internacional que só faz delivery e não tem ponto de venda físico.

Em todos os exemplos acima, vemos a desconstrução das cadeias de valor tradicionais. Produtos são substituídos por serviços, startups competem com gigantes, e grandes corporações entram em mercados de nicho. Canais de vendas são modificados, produtos de outros segmentos substituem aqueles que não eram considerados concorrentes. A era digital está transformando a arena competitiva.

Uma outra característica da era digital é a fragmentação dos setores econômicos, processo chamado de *unbundling*,[3] que mudou completamente o cenário. Antes, a competição era praticamente mínima entre os grandes bancos. Com o *unbundling* da indústria financeira, essas instituições passaram a competir com centenas de *fintechs*, cada uma oferecendo um produto ou serviço cada vez mais específico. O dinheiro do consumidor pode, então, estar depositado em duas ou três *wallets* (carteiras digitais), o cartão de crédito pode ter sido emitido por um banco digital, e o consumidor poderá, ainda, contrair um empréstimo em uma startup de *lending* e investir suas reservas via *robo advisor*. É difícil para um grande banco entender que agora concorre com todas essas startups e que elas, por serem normalmente focadas em apenas um produto e um público específicos, oferecem algo mais vantajoso para o cliente. Os atributos que levavam o consumidor a escolher um banco no passado não são mais os mesmos hoje. A experiência de uso, refletida na facilidade, conveniência, simplicidade, agilidade e atendimento no pós-venda, hoje possui papel preponderante no processo de tomada de decisão. O consumidor está cada vez mais exigente quanto à experiência no uso de produtos e serviços. E, embora esse movimento de substituição de uma marca que faz tudo por diversas outras que fazem produtos específicos seja aparentemente lento, ele ganha velocidade com

A ERA DIGITAL ESTÁ TRANSFORMANDO A ARENA COMPETITIVA.

o tempo. Por isso, sempre me recordo de uma passagem do livro *O sol também se levanta*, de Ernest Hemingway, na qual ele conta sobre um empresário que explicou como faliu: "De duas maneiras: devagar e de repente".

Com produtos específicos e nichados, as startups costumam oferecer experiências de uso melhores do que os líderes do mercado. Afinal de contas, são especializadas naquela solução e costumam desenhá-la com foco total nas dores do usuário. Como essas empresas são muito pequenas, normalmente não têm diferentes áreas opinando no desenvolvimento do produto nem brigando por sua paternidade. As exigências de *compliance* também são pequenas; não há funcionários resistentes, dizendo que aquela solução já foi testada no passado e não deu certo. E não existe a necessidade de integrar o produto ou serviço em uma esteira de processos e sistemas complexos. A solução criada roda de maneira autônoma, naturalmente, com muito mais flexibilidade do que aquelas que já estão no mercado.

Enfim, o foco das startups é pura e simplesmente o cliente e o modo como ele vai usar o produto. Até as questões relacionadas a custos são deixadas de lado nesse momento. O objetivo é encantar o consumidor. Assim, a comparação com o produto similar do concorrente é quase desleal.

No exemplo dos grandes bancos citado anteriormente, há ainda uma dificuldade adicional que leva essas instituições a desconsiderarem seus novos concorrentes: o fato de a grande maioria das *fintechs* levar algum tempo até atingir o lucro em suas operações. Isso faz com que muitos bancos olhem para elas e digam: "Assim é fácil conquistar clientes: com margens negativas. Quero ver quando precisarem dar lucro!". Aqui, há uma atenção especial ao chamado *unit economics*. É isso que importa de fato, porque, muitas vezes, o prejuízo que se vê no balanço é decorrente da taxa de crescimento da empresa. Como ela cresce em uma escala exponencial, seu resultado consolidado é negativo. Porém, se, ao olhar o resultado por cliente adquirido, o *lifetime value* (a receita gerada pelo cliente enquanto ele permanecer cliente) for superior ao custo de aquisição de cliente, então é provável que a operação seja saudável, e essa startup será um concorrente relevante daqui a alguns anos.

Portanto, há um novo concorrente para as grandes empresas, e ele é muito diferente do tradicional. Em vez de apenas alguns, são centenas ou milhares. É como se pequenas piranhas resolvessem atacar um gigantesco tubarão usando uma estratégia de dividir o grande predador em minúsculos pedaços a serem atacados, e cada grupo de piranhas se encarregando de cada uma dessas fatias, todas ao mesmo tempo. Assim é a nova arena competitiva na era digital.

ESTRA

PARTE DOIS

CAPÍTULO

DE ONDE VEM A INOVAÇÃO

ATÉ A DÉCADA DE 1990, A INOVAÇÃO EM GRANDES empresas tinha origem nos laboratórios de pesquisa e desenvolvimento (P&D). Durante muitos anos, centros como o Xerox Palo Alto Research Center (Xerox PARC) foram os grandes responsáveis pelas inovações em diversas indústrias. O modelo de inovação era fechado e centralizado. Havia um grupo de especialistas que concentrava todo o desenvolvimento de novos produtos. Por trás desse modelo, havia duas crenças: a inovação vem de mentes brilhantes; e a ideia tem menos valor do que a execução.

MENTES BRILHANTES

É intuitivo associarmos inovação a grandes ideias. Quando falamos de inovação, pensamos nas invenções que mudaram a vida das pessoas, como a energia elétrica, o telefone, o automóvel ou o avião. É imediata a associação aos grandes inventores: Benjamin Franklin, Graham Bell, Karl Benz, Santos Dumont e muitos outros. O estereótipo que vem à mente é o de um cientista louco, brilhante e à frente de seu tempo.

Durante muitos anos, os laboratórios de P&D das empresas alimentaram essa imagem dos cientistas brilhantes, pois era de lá, desses laboratórios, que saíam os novos produtos das empresas. Testar algo novo era caro, e, por isso, somente pessoas mais experientes e capacitadas podiam decidir o que seria testado. Os laboratórios tinham, então, poucos e bons engenheiros, com uma notável formação acadêmica, selecionados criteriosamente.

Após a internet e, principalmente, com a chegada dos *smartphones*, o processo de inovação corporativa mudou completamente. Testar algo novo ficou barato. E aí ficaram claras duas propriedades da inovação corporativa:

1. Inovação corporativa é diferente de invenção, pois a inovação que acontece em uma empresa é uma invenção que vira um produto em um curto espaço de tempo. Há ideias que ficam apenas no campo das invenções, por exemplo: *drones* que transportam pessoas. A tecnologia existe, algumas empresas já fizeram seus testes, e possivelmente será lançada no mercado em breve. Mas, até que isso se torne um produto ou um serviço disponível para as pessoas comprarem ou contratarem, não passa de uma invenção;

2. Tem mais importância uma ideia mediana que possa ser testada do que uma ideia fantástica impossível de ser validada. Principalmente porque, para uma invenção se tornar uma inovação, ela precisa ser testada. Em vários casos, o teste tem um custo tão alto que se torna inviável realizá-lo. Então, mesmo que a ideia seja fantástica, o fato de não podermos testá-la a torna inútil.

Por causa dessas duas propriedades da inovação corporativa, concluímos que as inovações não vêm, necessariamente, de ideias geniais. Ao contrário, é comum que elas sejam fruto de ideias medianas. E ideias medianas vêm de pessoas normais. Uma prova disso é a quantidade de startups de sucesso lideradas por fundadores que estão longe do estereótipo de estudante exemplar, formado em Engenharia de Computação no MIT, com MBA em Harvard e doutorado na Universidade Columbia.

Jan Koum cresceu em uma pequena cidade na Ucrânia e, aos 16 anos, mudou-se com a mãe e a avó para a Califórnia com a ajuda de um programa social.[1] Trabalhou muito e estudou pouco. Aos 21 anos, foi contratado pelo Yahoo!, no mesmo ano em que seu pai faleceu, na Ucrânia. Três anos depois, sua mãe faleceu após lutar contra um câncer. Em 2009, Jan pediu demissão e fundou, junto com um amigo, o WhatsApp. Cinco anos depois, ele vendeu sua empresa ao Facebook por 19 bilhões de dólares.

O caso de Koum é mais comum do que imaginamos. E ilustra bem a afirmação de que a inovação corporativa não precisa vir de mentes brilhantes.

A IDEIA VALE MENOS DO QUE A EXECUÇÃO

O Yahoo! foi fundado em 1994 por Jerry Yang e David Filo.[2] Até o Google nascer, em 1998, o Yahoo! era o grande líder do mercado de buscas na internet. A empresa quase comprou o Google no fim da década de 1990 por 1 milhão de dólares, mas achou caro. Em 2002, o Google já parecia ser uma ameaça real, e o Yahoo! ofereceu 3 bilhões de dólares, mas o Google fez uma contraproposta de 5 bilhões, que foi recusada. Em 2004, o Google abriu o capital e foi avaliado em 23 bilhões de dólares. De lá para cá, já sabemos como a história caminhou. Em 2020, o Google atingiu a marca de 1 trilhão de dólares em valor de mercado.

O Yahoo! teve a ideia de construir um buscador de informações na internet, chegando a dominar esse mercado. Mas aí veio o Google e executou melhor a mesma ideia. Isso acontece diariamente em diversos setores. No início dos anos 2000, diversas startups no Brasil tentaram replicar um *case* de sucesso norte-americano:

A INOVAÇÃO CORPORATIVA NÃO PRECISA VIR DE MENTES BRILHANTES.

a startup Mint, que realizava agregação de despesas. O aplicativo pedia acesso às contas bancárias do usuário e colocava tudo em uma visão única, com as despesas organizadas e classificadas. A empresa fez tanto sucesso que foi vendida por 280 milhões de dólares para a Intuit, uma gigante do setor financeiro. No ano de 2012, eu contei 23 startups tentando fazer exatamente a mesma coisa. Depois de alguns anos, poucas sobreviveram, e uma delas tornou-se um dos maiores *cases* de sucesso do empreendedorismo brasileiro: Guiabolso.[3] A ideia era a mesma, o que valeu foi a execução.

Mas, então, se a inovação não vem de mentes brilhantes nem de ideias geniais, de onde ela vem? A inovação dentro das empresas vem de uma combinação que envolve pessoas e processos. E três elementos são essenciais para que ela aconteça: diversidade de pessoas, quantidade de ideias e fluxo de ideias.

DIVERSIDADE DE PESSOAS

Até alguns anos atrás, era comum entrarmos no escritório de uma grande empresa e termos a impressão de que os funcionários eram todos da mesma cidade, haviam estudado nas mesmas escolas e faculdades, liam os mesmos jornais, compravam suas roupas nas mesmas lojas. Isso acontecia porque a área de recrutamento procurava contratar pessoas cujas características e *backgrounds* fossem os mais próximos da maioria da empresa para que houvesse o menor choque possível ou, de preferência, nenhum choque cultural. E, com isso, tínhamos a empresa toda pensando igual; raros eram os momentos em que alguém desafiava um colega a pensar diferente. Porém, sabemos que, quanto mais diversificação de pessoas tivermos na organização, mais ricas serão as discussões, mais desafiados os profissionais serão no seu dia a dia e mais frequentemente a empresa será provocada a sair de sua zona de conforto em busca da inovação. Pessoas diferentes pensam diferente, encaram problemas e soluções de maneiras distintas. Às vezes, o que parece ser uma excelente solução de um problema para uma pessoa pode ser inaceitável para outra.

Lembro-me de uma consultoria que eu dei para uma empresa varejista em que colocamos na sala pessoas de origens e formações diferentes. Quando o gerente apresentou o novo produto, as reações foram muito interessantes. Várias sugestões foram dadas na reunião, e o produto precisou passar por um completo redesenho. O curioso é que ele havia chegado até aquela reunião como uma unanimidade na área que o desenvolveu. A conclusão do gerente da área foi de que ele precisava buscar maior diversidade em seu time.

O que as empresas devem buscar na diversidade é visões de mundo diferentes e *backgrounds* distintos. Esses dois componentes são o motor de uma discussão mais rica no dia a dia da empresa, que leva em consideração diferentes pontos de vista, gerando soluções a partir de abordagens diversas.

QUANTIDADE DE IDEIAS

Ainda é parte do senso comum associar inovação a boas ideias. Por trás dessa conexão está o pensamento de que a inovação vem da qualidade das ideias. Há um erro importante nesse raciocínio, que é a sobrevalorização da ideia em detrimento da execução, como já tratei anteriormente. A qualidade da ideia não é tão relevante quanto a quantidade, porque o mais importante é poder testá-la e validá-la. Nesse sentido, quantidade é o que importa. A empresa deve estimular a capacidade das pessoas de explorarem novas ideias o tempo todo, porque isso aumentará a boca do funil. Estatisticamente, aumentará as chances da empresa de transformar ideias em valor. Uma inovação pressupõe a criação de valor. Uma ideia que não seja capaz de ser transformada em um produto será sempre, por mais disruptiva que seja, apenas uma ideia. E isso não é inovação.

FLUXO DE IDEIAS

Após a geração de ideias, a empresa deve fazer com que elas circulem pela organização, para que sejam criticadas, testadas, aperfeiçoadas. Nesse sentido, há importantes descobertas recentes que apontam que o fluxo desestruturado tende a ser mais eficaz que o fluxo estruturado.[4] Um exemplo comum de fluxo estruturado é aquele em que há reuniões agendadas, com periodicidades fixas, com o objetivo de intercâmbio de ideias. A experiência prática mostra que esses encontros tendem a se desgastar com o tempo e perder qualidade nas interações. O que tem se provado mais produtivo é o oposto: as conversas informais e não programadas, que acontecem de maneira espontânea (fluxo desestruturado). Por isso, houve um *boom*, nos últimos anos, de áreas abertas nas empresas, com pufes coloridos, mesas de sinuca, cafeteiras sofisticadas e geladeiras com comidas e bebidas de graça. Isso tudo para estimular o encontro casual de pessoas, que inevitavelmente vão compartilhar suas ideias, gerando discussões. Esse processo até ganhou um nome, resgatado de um conto infantil do século XVIII, que se popularizou recentemente: serendipidade.[5]

CAPÍTULO

O TRIPÉ DA ESTRATÉGIA DE INOVAÇÃO

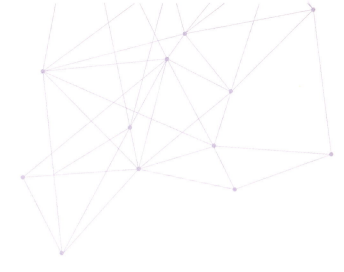

INOVAR, AO CONTRÁRIO DO QUE MUITOS PENSAM, não é algo barato. Exige investimento e dedicação. Além disso, deve estar alinhado à estratégia da empresa.

Há três componentes fundamentais na estratégia de inovação:

GOVERNANÇA

Em primeiro lugar, é necessário que se defina qual é o propósito da inovação. Uma empresa pode desejar inovar para:

- Expandir o negócio para novos mercados;
- Desenvolver produtos e serviços pioneiros;
- Resolver problemas de negócios;
- Transformar a cultura da empresa;
- Por *branding*, associando sua marca à inovação.

Os objetivos não são excludentes, mas, para cada um, há iniciativas mais apropriadas e métricas a serem controladas. É comum vermos um desalinhamento entre o que o líder de inovação, o CEO e o conselho de administração pensam a esse respeito. Como muitos programas de inovação começam por uma iniciativa isolada de uma área (mais comumente, a de tecnologia), não há, inicialmente, uma discussão aprofundada sobre os seus objetivos. Isso acaba por gerar expectativas diferentes nos diversos *stakeholders*. Em algum momento, o CFO* faz a conta de quanto foi investido, leva para o CEO e ele cobra os resultados. Já vi casos em que o resultado era visto como espetacular pelo gestor do programa e pífio pelo CEO. Lembro-me de um caso em que um programa de aceleração de startups mensurava quantos dólares as startups recebiam de investidores para cada dólar aplicado pela empresa. Esta, por sinal, é uma medida comum nesses programas, pois indica o quanto o mercado está apostando nas startups participantes. Nesse caso, o número era quase 10:1, o que significa que os investidores externos haviam colocado quase 10 dólares para cada dólar investido pela empresa. Quando o CEO ouviu isso em uma apresentação de resultados, perguntou: "Por que isso é interessante para nós? Isso pode ser interessante para as startups do programa, mas não para a nossa empresa!". Não preciso dizer que pouco tempo depois o programa foi encerrado.

Após a definição do propósito, deve haver uma discussão sobre as iniciativas que vão compor o programa. Por exemplo, vejo empresas criando fundos de *corporate venture capital* com o objetivo de ajudar na transformação cultural da organização. Esses fundos são muito mais indicados quando a empresa quer expandir para novos mercados ou resolver problemas de negócios, pois podem representar uma maneira mais rápida e barata de endereçar essas questões. Por outro lado, quando esses são os objetivos, promover

---

* Do inglês, *chief financial officer* que, em tradução livre, significa diretor financeiro.

hackathons não é uma boa ideia, pois eles servem mais ao propósito de *branding* ou, aí sim, à transformação cultural.

Uma vez definidas as iniciativas, é hora de estabelecer os KPIs. Sim, inovação precisa ter indicadores de desempenho como qualquer outra função na empresa. Os indicadores de inovação podem ser: número de produtos lançados, quantidade de ideias (total e por colaborador/área), eficiência do processo, impacto da solução, quantidade de pessoas/áreas envolvidas, investimento nos projetos, retorno sobre o investimento, engajamento dos colaboradores e muitos outros, que devem ser definidos também de acordo com as características da empresa e do mercado em que atua.

O passo seguinte é definir o modelo dos processos de inovação. Ele pode ser centralizado, descentralizado ou híbrido. No formato centralizado, há uma área de inovação responsável pelo desenvolvimento das iniciativas. Nesse modelo, há um grande controle sobre os investimentos, porém há o desafio de engajar as outras áreas e conseguir a priorização necessária para que os projetos andem na velocidade desejada. Em estruturas muito hierarquizadas, pode funcionar melhor. Em estruturas matriciais, é difícil ser eficiente dessa maneira.

No modelo descentralizado, cada área é responsável por desenvolver seus projetos de inovação. É indicado quando há uma maturidade da empresa em relação ao tema. Em organizações nativamente digitais, costuma funcionar bem, pois há uma mentalidade de busca constante por melhores soluções.

Em empresas mais tradicionais, o modelo híbrido tende a funcionar melhor, com uma área gerando os *guidelines* de inovação, eventualmente com algumas iniciativas centralizadas, e as diversas áreas da empresa sendo responsáveis por desenvolver seus projetos de acordo com a orientação geral da empresa. A área de inovação pode concentrar o relacionamento com o ecossistema, e as áreas internas são usuárias dos parceiros selecionados. As métricas são definidas pela área dedicada e controladas em conjunto com as áreas internas. É este o modelo que tenho visto funcionar

O TRIPÉ DA ESTRATÉGIA DE INOVAÇÃO

de maneira mais eficiente em empresas tradicionais, pois ajuda a disseminar uma cultura de inovação de maneira mais consistente e com efeitos de longo prazo.

CULTURA ORGANIZACIONAL

A cultura é a principal alavanca da inovação. Não há como se tornar uma empresa inovadora sem uma cultura apropriada. Mas e se a empresa não tem uma cultura adequada? Bom, a cultura organizacional de cada empresa é única, normalmente há uma resistência a mudanças, contudo transformações podem acontecer. A empresa pode mudar uma política de RH, a sua filosofia de pessoas, os critérios de recrutamento ou a metodologia de avaliação de desempenho. Mas o impacto que isso pode ter na cultura só virá no longo prazo; por isso é um processo de transformação.

Esse processo de transformação deve ser *top-down**, ou seja, deve partir do CEO da empresa. Processos como esse, que nascem em uma determinada área, apenas com o "apoio" do CEO, não costumam se sustentar. O presidente da empresa tem um papel fundamental nesse caso: ele precisa ter a visão de onde se quer chegar e a dimensão do *gap*. Precisa ter, no mínimo, uma noção do caminho a ser seguido, dos passos necessários. Quando o CEO delega esse papel a um outro executivo, a chance de não funcionar é maior. Uma coisa é a visão, outra é a execução. A execução pode ser delegada, mas não a visão.

Quando vejo uma empresa em que várias inovações não saíram do papel porque não passaram nas discussões de *compliance*, jurídico ou segurança da informação, ali há um indício de que o CEO não está devidamente engajado no processo. Não que essas três disciplinas não sejam de suma importância para qualquer organização. Sem dúvida o são e, daqui para a frente, serão ainda

---

* Em um modelo *top-down*, que em português seria de "cima para baixo", a orientação parte da liderança da empresa e vai se espalhando para todos os níveis hierárquicos abaixo.

mais relevantes. Porém, em muitos casos, essas áreas funcionam como barreiras à inovação. E há uma razão simples para isso: a natureza de seu trabalho é contrária ao novo. Os incentivos são opostos. A área de *compliance* quer evitar desvios nos processos existentes. O jurídico quer evitar situações que representem riscos para a empresa. E a segurança da informação precisa garantir confidencialidade, integridade, disponibilidade, autenticidade e legalidade dos dados. Qualquer mudança nos produtos e processos da empresa, por natureza, pode representar uma ameaça para essas três áreas. Então é natural que tenham um olhar de resistência. Nesse momento, portanto, é fundamental o envolvimento do CEO, não para dar uma "carteirada", mas para sinalizar os objetivos e prioridades estratégicos da organização.

Quando grandes empresas lançam aplicativos para o varejo, é interessante analisar a experiência do usuário prestando atenção nos pontos em que essas áreas mostraram a sua força. Por exemplo, em um aplicativo de um grande banco brasileiro, o usuário era obrigado a rolar a tela nove vezes até poder clicar no "Li e aceito os termos do contrato". Essa é uma discussão comum em muitas empresas: segundo diversos advogados, é necessário fazer o usuário rolar a tela toda para que ele não alegue depois que não leu o contrato. Infelizmente, isso destrói a experiência de navegação, por isso, em empresas digitais, é mais comum uma priorização da experiência em detrimento de alguns riscos a serem assumidos. Assim, nesse caso, muitas assumem o perigo que correm ao não fazer o cliente rolar a tela tantas vezes. Entendem que, se ele clicou no botão de aceite, ele assumiu essa responsabilidade. E, caso entre na justiça, não poderá alegar que não tinha conhecimento dos termos do contrato, pois clicou no botão "Li e aceito", mesmo que efetivamente não tenha lido tudo. Até porque, muitos dos contratos de uso de um aplicativo são repletos de termos e proteções jurídicas que o usuário comum não é capaz de entender sem a ajuda de um advogado.

Uma cultura organizacional orientada à inovação precisa também estimular a diversidade de pessoas, como falamos no capítulo 5, o que significa visão de mundo e *backgrounds* diversos. Não necessariamente cores, raças, religiões ou orientação sexual. O importante é ter pessoas que pensem diferente, que tenham visões diversas sobre um mesmo tema, em diferentes posições na hierarquia da empresa, para que as discussões sejam ricas. No fundo, o desafio da diversidade está no recrutamento e seleção sem prejulgamentos. É difícil para um profissional se livrar de seus preconceitos e entrevistar pessoas diferentes da mesma maneira. Mas cabe à empresa ajudá-lo a vencer esse desafio com treinamento e discussões a respeito do assunto. Se a empresa não trabalhar o processo de entrada dos funcionários, vai ficar sempre lutando contra a pouca diversidade em seu quadro.

Outro ponto da cultura organizacional que favorece a inovação é a colaboração associada ao aprendizado. Esses dois temas devem andar juntos. O sentido da colaboração deve ser de fazer girar a roda do aprendizado. Torná-lo algo constante na organização. Vivemos a era da informação. É impossível para qualquer profissional, atualmente, absorver 100% do conteúdo que é gerado diariamente e disponibilizado por meio das redes sociais e demais aplicativos. E isso tende a piorar. Compartilhar conhecimento é fundamental nesse processo, e é para isso que deve servir a colaboração. Claro que ela ajuda na execução, mas é no compartilhamento do conhecimento que ela gera mais valor. Afinal de contas, o conhecimento é o único ativo que, após compartilhado, passa a ter maior valor.

Uma organização que consiga aliar colaboração e aprendizado já tem o primeiro passo para começar a tolerar falhas, outro requisito importante para se gerar inovação. Para ser tolerada, a falha precisa ser vista como o meio de um processo, e não como o seu fim. Um teste pode ter dois resultados: positivo ou negativo. A falha é o segundo. Não significa que acabou. Significa apenas que aquela hipótese não se confirmou. E, nesse sentido, ajuda a refinar o desenvolvimento do produto ou serviço. A falha é uma parte necessária do processo de criação. Por isso, não pode ser punida. Afinal de contas, não há inovação sem falha. E, quanto mais inovador um produto, maior a chance de, no seu desenvolvimento, várias ideias terem falhado. Por isso, é importante diferenciar falha de fracasso. Falha é parte de um processo em andamento. Fracasso é quando esse processo se encerrou e não foi bem-sucedido. São duas coisas muito diferentes, uma positiva e outra negativa.

Por último, a cultura deve permitir e estimular o fluxo de novas ideias. Por isso, cada vez mais, vemos ambientes informais em grandes empresas, como as salas com pufes coloridos, comida e bebida de graça e mesas de sinuca ou pebolim que mencionei no capítulo 5. Esses ambientes são propícios para o fluxo informal de ideias. Fazem parte de um programa desestruturado de troca de informações, que costuma funcionar muito melhor do que os estruturados. As empresas que agendam dias e horários específicos para que os profissionais compartilhem os projetos em que estão trabalhando não costumam obter os mesmos resultados daquelas que estimulam a troca informal de informações. As reuniões programadas, com formatos de apresentação pré-definidos tendem a se tornar parte de uma rotina, que acaba por desestimular as pessoas e cortar o fluxo de novas ideias. E novas ideias precisam ser testadas, desafiadas, lapidadas. Se esse processo é interrompido, isso mina a capacidade de inovação da empresa.

METAS COMO INCENTIVOS

Um estudo antigo, mas que continua atual, publicado no *Journal of Epidemiology & Community Health*, em 2007, mostrou o efeito da aplicação de multas mais severas no trânsito em diferentes países.[1] A conclusão do estudo é de que há uma correlação clara entre multas maiores e melhor comportamento no trânsito, gerando, como consequência, redução de acidentes e mortes. Parece meio óbvio, mas a metodologia científica nos ajuda a corroborar o que o senso comum já sabe: nosso comportamento é direcionado pelos estímulos, sejam eles positivos ou negativos (como no caso das multas).

Assim como as penalidades nos deixam mais educados, os incentivos podem nos ajudar a contribuir para que a empresa seja mais inovadora. A maneira como as pessoas são reconhecidas, promovidas e remuneradas direciona o seu comportamento na organização. Então, se queremos que elas assumam uma postura inovadora e mais aberta, precisamos de metas que estimulem isso. Por isso, é importante, no desenho da estratégia de inovação, estabelecer indicadores de desempenho, porque eles deverão entrar nas metas das áreas e dos executivos da mesma maneira que hoje estão receita, volume de vendas, lucratividade e tantos outros números. Os indicadores de inovação devem compor o bônus dos executivos para que o tema seja priorizado. Caso contrário, será encarado como algo muito interessante, às vezes até divertido, porém, no momento em que precisar fazer aquele esforço adicional para bater suas metas, o tema inovação será devidamente colocado de lado.

Há diferentes KPIs que podem ser utilizados. Uma empresa adotou, certa vez, o indicador de número de contratos fechados com startups por área. Não importava o valor do contrato, sua abrangência, relevância ou impacto financeiro. A empresa entendeu que o tema precisava "viralizar" na organização e, para isso, o melhor era olhar para a quantidade de contratos. A decisão funcionou e, em seis meses, mais de trinta contratos foram assinados nas mais diversas áreas da empresa. Porém, o número mais relevante foi o de mais de 250 startups ouvidas no período. As reuniões com essas empresas fizeram com que os funcionários passassem a considerar novas alternativas para a solução de problemas, fez com que os times começassem a pensar fora da caixa. Era comum ouvir a frase: "Como a startup X resolveria esse problema?". Em seis meses, era como se tivesse passado um furacão pela empresa, e muita coisa mudou no seu dia a dia. Inúmeros processos foram simplificados, controles foram abandonados e comitês foram extintos. Foi um verdadeiro choque de gestão, que nasceu de um simples indicador de desempenho.

Outro exemplo bem diferente, mas que foi o suficiente para fazer girar a engrenagem da inovação de um fabricante de produtos de consumo, também é igualmente simples. A empresa determinou que todos os seus vendedores, para receberem seus bônus, precisariam que 1/3 dos produtos vendidos tivesse sido lançado nos últimos doze meses. Assim, ela direcionou o time de vendas para focar seus esforços em vender os produtos mais novos. Quando eles encontravam alguma dificuldade no mercado, davam um feedback imediato para a área de produtos, que se virava para fazer as modificações necessárias, até que o produto encontrasse boa aceitação no mercado. Assim, com uma única meta, a organização fazia todo o processo de inovação funcionar. E a imagem que os consumidores passaram a ter da empresa era de uma marca altamente inovadora, pois estavam sempre vendo novos lançamentos nas prateleiras.

CAPÍTULO

APLICANDO A INOVAÇÃO ABERTA

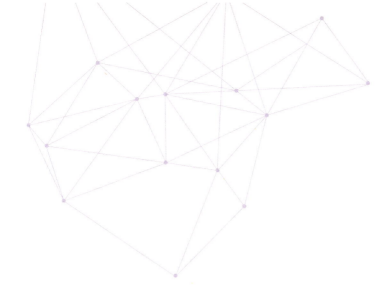

ESSE CONCEITO FOI INTRODUZIDO POR HENRY Chesbrough, em 2003, com o livro *Inovação Aberta*.[1] A premissa do autor era de que, para resolver um determinado problema, a empresa teria dois caminhos: usar os recursos internos (principalmente pessoas) ou externos (na maioria dos casos, startups), por meio de parcerias. Estatisticamente, não há motivos para supor que o grupo de pessoas que está dentro da empresa conseguirá chegar a uma solução mais inovadora e eficiente do que se forem envolvidos, nesse processo, empreendedores, centros de pesquisa ou universidades que já estejam buscando soluções similares em outras partes do país ou mesmo fora dele. Ao acessar esses grupos no entorno da organização, ela encontrará profissionais mais focados naquela tecnologia ou produto, mentes com *backgrounds* diferentes, escopos de atuação diversos e acesso a outras informações. Ao se engajar com pessoas de outro ambiente e alinhar interesses, há uma chance maior de se chegar a uma solução melhor. Não há por que supor que a empresa, fechada em suas limitações de recursos financeiros e tecnológicos, quantidade de pessoas dedicadas, tempo, regras de *compliance* etc., terá mais chances de desenvolver uma solução mais inovadora do que de maneira aberta. Daí vem, então, o conceito de Inovação Aberta, que consiste na colaboração com entidades externas, principalmente startups, para a cocriação de soluções inovadoras.

Entendido o conceito de Inovação Aberta, é necessário desenhar uma estratégia para o tema, que deverá conter: objetivos, iniciativas, modelo de operação e indicadores de desempenho.

OBJETIVOS

Como comentei no capítulo 6, há diversos objetivos possíveis para a inovação: a empresa pode desejar buscar a entrada em novos mercados ou segmentos de clientes; ser percebida como uma marca inovadora; rejuvenescer sua cultura; lançar produtos inovadores no mercado em que atua; ser mais eficiente; ou ter uma estratégia defensiva, puramente de sobrevivência. Todos são objetivos legítimos. Não há certo ou errado. Às vezes, a empresa pode, inclusive, buscar vários deles simultaneamente. Isso é possível, porém é importante lembrar que aumenta significativamente a complexidade da execução.

Uma vez definido o objetivo ou os objetivos, é fundamental que se garanta o alinhamento entre eles e a liderança da empresa. Quando dava consultoria sobre esse tema, eu sempre começava com uma pergunta para cada executivo da liderança da organização: "O que é inovação para você?". Nunca encontrei alinhamento logo de cara, e é natural, porque as pessoas têm conceitos diferentes sobre o assunto. Inovação é um espectro que vai desde uma melhoria incremental em um produto existente até a introdução de um novo modelo de negócio ou tecnologia capaz de matar os líderes da indústria. Por exemplo, os noticiários de TV passaram a exibir um *ticker* de notícias que exibe informações diferentes das que o apresentador está abordando, porque as emissoras concluíram que, dessa maneira, conseguem prender a atenção do espectador além da matéria exibida, já que a notícia destacada pelo apresentador nem sempre é do seu interesse. Com a exibição de notícias diferentes no *ticker*, são maiores as chances de a informação atrair atenção do espectador. Quando esse novo formato foi introduzido, ouvi de alguns executivos de uma emissora que isso era uma grande novidade; e de outros, que era uma pequena melhoria que eles nem consideravam inovação.

Por isso, obter o alinhamento sobre o conceito de inovação é o primeiro passo. E o segundo é alinhar entre os executivos o que a empresa espera da inovação. Uma vez definida a expectativa, ela deve ficar clara para todos, traduzindo-se nos objetivos da estratégia de Inovação Aberta.

INICIATIVAS

Uma vez definidos os objetivos, há um rol de iniciativas que podem ser tomadas, cada uma mais adequada a cada um dos objetivos: *hackathons*, aceleração de startups, *lab*, *hubs* de inovação, eventos internos e externos, espaços de *coworking*, participação em associações, investimentos e aquisições. É importante saber qual iniciativa utilizar para cada objetivo da organização, caso contrário, não proporcionará os resultados esperados. Por exemplo, eu vejo muita empresa promover *hackathon* para desenvolver novos produtos, contudo, essa é uma iniciativa eficaz para o desenvolvimento e consolidação de uma cultura inovadora, dificilmente funciona para a criação de um produto. E essa é a mesma razão pela qual muitos *labs* inundam as empresas com protótipos interessantes, mas poucos acabam por entrar na esteira de produção.

Há uma pergunta fundamental que deve ser feita antes de um *hackathon* ou de uma prova de conceito (PoC), que é: "O que será feito se der certo?". Normalmente, essa pergunta acontece depois da realização do experimento, quando e se ele funcionar. É nesse momento que vão buscar recursos e os *sponsors*[2] para que a iniciativa vá adiante. Infelizmente, esse é um erro bem comum, que não deveria acontecer, pois tudo deve ser definido antes com as pessoas fundamentais para que o processo funcione, sendo envolvidas desde o primeiro momento. Caso contrário, elas não se sentirão parte daquela iniciativa, não estarão dispostas a vencer as barreiras que qualquer inovação traz consigo e não terão orçamento aprovado para seguir adiante. É necessário buscar esses recursos, engajar pessoas, repriorizar projetos, lidar com a frustração de alguns e vencer a resistência de outros. O mais comum é que um desses obstáculos, ou vários deles, vença a batalha. Por isso, é importante garantir que, antes de se iniciar um piloto:

- As pessoas sêniores da área de negócios estejam envolvidas;
- Haja uma definição prévia do que acontecerá se o teste for bem-sucedido;
- As áreas de negócios e tecnologia saibam de onde sairão os recursos para que o piloto se transforme em produto.

MODELO DE OPERAÇÃO

Junto com a definição das iniciativas, vem o desenho do modelo operacional: inovação centralizada, descentralizada ou híbrida; equipe própria, perfil dos profissionais, processos e governança. Tudo isso deve ser cuidadosamente desenhado.

No modelo centralizado, há um departamento responsável por conduzir todo o processo de inovação da empresa. Costuma ser um time grande e ter um orçamento robusto. Todas as ideias são direcionadas a essa área, que é encarregada – eventualmente com a participação da área de negócios – da decisão de em qual inciativa investir. Em seguida, ela conduz todo o processo até entregar o novo produto pronto para a respectiva área.

No modelo híbrido, a área de inovação funciona como um direcionador. Ela estabelece um processo, organiza o *pitch* das startups, define qual metodologia será usada para o teste das soluções, por exemplo. Contudo, cada área conduz os próprios pilotos, acionando a área de inovação quando necessário.

E, finalmente, no modelo descentralizado, a inovação é responsabilidade de todas as áreas. Funciona melhor nas empresas com alta maturidade no tema ou naquelas consideradas nativas digitais. Por exemplo, na Uber não há necessidade de uma área de inovação, pois todas as outras já têm um mindset inovador.

Independentemente do modelo adotado, é importante estabelecer a governança do processo. E, por último, como será medido o sucesso, ou seja, quais indicadores de desempenho serão usados. É muito importante que isso fique claro no início, porque as pessoas costumam ter expectativas muito diferentes em relação à inovação.

KPIS: INDICADORES DE DESEMPENHO

Definidos os objetivos e estabelecidas as iniciativas, é hora de especificar os KPIs. Afinal de contas, a inovação, como qualquer outra atividade da organização, precisa ter sua evolução mensurada. A inovação precisa de metas que sejam, ao mesmo tempo, claras, desafiadoras e facilmente quantificadas.

As metas podem medir a evolução dos processos de inovação ou o seu impacto na empresa. Normalmente, é interessante a companhia mesclar os dois tipos, mas isso vai ser determinado pelos objetivos, iniciativas e grau de maturidade da organização em relação ao tema. Exemplos de metas que medem a evolução do processo são: horas dedicadas à discussão de experimentações, quantidade de pessoas envolvidas, número de protótipos e MVPs (*minimum viable product* ou mínimo produto viável) desenvolvidos, quantidade de PoCs realizadas, quantidade de startups envolvidas nos processos.

E metas que mensuram o impacto podem ser: quantidade de contratos fechados com startups, número de hipóteses validadas, quantidade de MVPs e protótipos transformados em produtos, novas receitas geradas, impacto no custo de aquisição de clientes e *lifetime value*,[3] redução no tempo de desenvolvimento, produtividade dos times, tempo para validação de hipóteses.

As listas acima trazem apenas alguns exemplos, as metas escolhidas deverão estar relacionadas especificamente ao que a empresa espera da inovação. Por exemplo, participei de um outro projeto de consultoria em que a empresa estabeleceu como meta a quantidade de contratos fechados com startups. Não importava o valor do contrato ou o impacto no resultado da companhia. Apenas a quantidade de contratos importava. O primeiro contrato fechado foi com uma startup que oferecia um sensor de temperatura que era regulado e monitorado remotamente por um aplicativo de celular. O contrato previa a instalação de apenas dois sensores para a portaria da empresa. O valor era irrisório. Porém, resolvia um problema específico, que não conseguiam solucionar. E o fato de esse ter sido o primeiro contrato colocou em alerta toda a empresa, que passou a ver diversas oportunidades de parcerias com startups. Seis meses depois, a empresa havia fechado onze contratos, sendo um deles em uma área *core*,[4] impactando a receita de um dos principais produtos da empresa.

MAPA ESTRATÉGICO DE INOVAÇÃO ABERTA

OBJETIVOS / INICIATIVAS	ENTRAR EM NOVOS SEGMENTOS/ MERCADOS	LANÇAR NOVOS PRODUTOS/ SERVIÇOS	AUMENTAR EFICIÊNCIA OPERACIONAL	AJUDAR NA TRANSFOR-MAÇÃO DA CULTURA ORGANI-ZACIONAL	*BRANDING* - SER PERCEBIDA COMO UMA EMPRESA INOVADORA	DEFESA – PROTEGER O POSICIONA-MENTO NO MERCADO
HACKATHONS						
ACELERAÇÃO DE STARTUPS						
INCUBAÇÃO DE STARTUPS						
LAB DE INOVAÇÃO						
PRESENÇA EM *HUBS* DE INOVAÇÃO						
PARTICIPAÇÃO EM EVENTOS						
PARTICIPAÇÃO EM ASSO-CIAÇÕES						
INVESTIMEN-TOS (CVC) E AQUISIÇÕES						

O mapa relaciona os possíveis objetivos de uma empresa com as iniciativas mais adequadas para cada um deles em uma estratégia de Inovação Aberta. Quanto mais escura a cor da caixa, mais indicada é a iniciativa. Pelo mapa, é possível perceber que, para cada objetivo estabelecido, há iniciativas que podem ser consideradas indispensáveis, outras que podem ser consideradas importantes para reforçar a estratégia, e outras que podem ser desejáveis como reforço. O importante é entender que será muito difícil obter sucesso em Inovação Aberta executando apenas uma ou duas iniciativas. Precisa-se de um programa integrado.

APLICANDO A INOVAÇÃO ABERTA

CAPÍTULO

OS 2 CS: MODELOS DE GERAÇÃO DE INOVAÇÃO

A INOVAÇÃO PODE ACONTECER DE DIVERSAS MANEIRAS, mas as duas principais são as seguintes: CONSTRUIR (modelo de colaboração) ou COMPRAR (modelo de aquisição). Vejamos abaixo, com um pouco mais de detalhes, como é possível gerar inovação por meio da colaboração e da aquisição.

CONSTRUIR (MODELO DE COLABORAÇÃO)

Na era digital, a colaboração ganhou um novo significado. Até a década de 2000, o conceito de colaboração estava relacionado a buscar um parceiro que preenchesse os requisitos necessários para se executar algo conhecido e planejado. Primeiro, estabelecia-se o que iria ser feito e, depois, buscava-se os parceiros que pudessem ajudar nas lacunas do processo. Por exemplo, um fabricante de um produto de consumo que estivesse buscando por um novo tipo de embalagem, com um material específico, dimensões, formato e funcionalidades já definidas. Era feito um levantamento de quais empresas poderiam ter expertise naquele determinado tipo de embalagem com aquele material que se pretendia utilizar. E, assim, selecionava-se parceiros para ajudar na construção do novo produto.

Entretanto, a colaboração adquiriu um significado diferente. É como se as empresas tivessem dado um passo para trás. Em vez de seguirem o caminho: (1) definições do conceito e dos detalhes e (2) seleção dos parceiros, as organizações verdadeiramente colaborativas, hoje, convidam os parceiros para que definam juntos o produto, seu conceito e suas funcionalidades. Constrói-se do zero, a partir da discussão sobre o problema que estão resolvendo. No caso anterior, da busca pela embalagem, por exemplo, a empresa convidaria um ou mais fabricantes e lhes contaria sobre o problema que está enfrentando. Também envolveria uma agência de design de serviços para pensar a jornada do cliente como um todo. E talvez mais uma ou outra startup que tenha solucionado o problema com uma abordagem diferente. A discussão começaria com o motivo pelo qual o consumidor procura o produto, como ele faz essa busca, como decide por ele, onde compra, como compra, como o transporta, com que frequência usa, como usa etc. Não seria incomum chamar também para a mesa um revendedor ou distribuidor do produto, alguém que estivesse mais na linha de frente com o consumidor final, ou mesmo alguns clientes, para participar das conversas. E, assim, todos juntos desenhariam uma nova solução de embalagem, que poderia ser algo muito diferente do inicialmente imaginado pela empresa. Ou talvez poderiam até chegar à conclusão de que não era de uma nova embalagem que precisavam, mas de uma versão diferente do produto.

Uma inovação, em geral, é uma combinação de ideias que vão sendo validadas e transformadas, então incorporam-se novas ideias e repete-se o ciclo, até formar um produto ou serviço. Nesse processo interativo e iterativo, a cultura da colaboração ajuda, pois traz benefícios adicionais à organização, como:

1. Agilidade: velocidade, hoje, é uma importante vantagem competitiva. Colaborar pode significar agilizar a combinação de ideias ao contar com o apoio de parceiros especializados em um determinado tema. A colaboração ajuda também a descartar soluções anteriormente validadas, mas cujo conhecimento não estava disseminado entre todos os envolvidos;

2. Expansão da rede: a colaboração ajuda a expandir a rede de relacionamentos, o que acaba por facilitar a execução. Sabemos que o grande desafio de uma nova ideia está muito mais na execução do que na própria ideia em si. Nesse sentido, uma rede maior ajuda no desafio;

3. Combate aos anticorpos: qualquer organização tem seus anticorpos, uma espécie de sistema imunológico que a protege contra determinadas mudanças. A colaboração é também uma importante ferramenta para superar essas resistências.

COMPRAR (MODELO DE AQUISIÇÃO)

É importante identificar se não há, por trás do desejo de aquisição de startups, uma mentalidade que chamo de "síndrome de David e Golias". Essa síndrome ocorre quando a empresa olha para a startup como uma organização tão pequena e frágil que considera mais barato e fácil comprá-la do que ter de se preocupar com um potencial futuro concorrente. Essa é uma mentalidade dominante, que desvaloriza o que a startup criou e despreza o seu potencial de crescimento. Esse desprezo, algumas vezes, é tão grande que a organização recusa uma oferta para comprar uma startup por considerar que ela terá vida curta, como já vimos em alguns exemplos dados anteriormente.

Em 2000, a Blockbuster dominava o mercado de aluguel de vídeos.[1] Uma pequena startup insistia em um novo modelo de negócios em que o cliente pedia o vídeo pela internet e recebia a fita em casa. A Blockbuster havia acabado de fazer seu IPO na bolsa de valores norte-americana, enquanto a pequena novata batalhava para manter suas contas em dia. Após inúmeras tentativas de marcar uma reunião, o todo-poderoso CEO da Blockbuster, John Antioco, fez chegar aos dois fundadores da Netflix uma mensagem dizendo que poderia recebê-los em Dallas, no dia seguinte pela manhã. Reed Hastings e Marc Randolph pegaram um avião e, na hora marcada, estavam na sala de Antioco, junto com outros diretores da gigante do setor. Depois de algumas trocas de informações, Antioco perguntou quanto eles queriam pela Netflix. A resposta veio rápida: 50 milhões de dólares. Randolph conta em seu livro *That Will Never Work* (Isso nunca vai funcionar, em tradução livre) que Antioco prendeu uma risada na hora. Alguns diretores chegaram a comentar que não acreditavam na internet, que o modismo havia passado. E o resto da história todos nós conhecemos: a Blockbuster faliu,[2] e a Netflix vale, em números de 2020, mais de 200 bilhões de dólares.[3] E mais um detalhe: a Blockbuster, no seu auge, não passou do *valuation* de 5 bilhões de dólares.

Supondo, então, que a síndrome de David e Golias esteja descartada, caso a empresa opte pelo modelo de aquisição, há alguns pontos importantes a serem considerados.

O primeiro é que uma startup não é como um projeto de uma área da empresa, que pode ou não dar certo e, caso não esteja batendo as metas, pode ser interrompido. As empresas tradicionais estão acostumadas com as avaliações dos *milestones*[4] dos projetos e, em cada um deles, há uma decisão de se seguir em frente ou não. No caso de uma startup, aquele é o projeto de vida do empreendedor. Se não estiver dando certo, ele muda o produto, a tecnologia, o público-alvo e até o mercado. Mas ele não para o projeto. Aconteça o que acontecer, ele vai em frente. Gosto do exemplo do Hyperloop, a cápsula de transporte do Elon Musk, que viaja a 1.200 km/h.[5] Em determinado

UMA INOVAÇÃO, EM GERAL, É UMA COMBINAÇÃO DE IDEIAS QUE VÃO SENDO VALIDADAS E TRANSFORMADAS, ENTÃO INCORPORAM-SE NOVAS IDEIAS E REPETE-SE O CICLO, ATÉ FORMAR UM PRODUTO OU SERVIÇO.

momento, uma repórter perguntou a ele: "Como você pretende prosseguir com esse projeto se não existe uma solução nesse momento para que o ser humano chegue vivo ao seu destino? Até o momento, a diferença de pressão é fatal para o ser humano!". Calmamente, ele respondeu: "Isso é só mais um detalhe". E, um ano depois, esse era mais um detalhe superado. Qualquer empresa tradicional teria interrompido o projeto e o considerado inviável.[6]

Outro ponto a ser levado em conta são as diferenças no mindset entre a startup e a empresa. Na primeira, lida-se com a incerteza, enquanto a segunda está habituada a lidar com riscos. Isso dá uma liberdade para que startups invistam em ideias mais disruptivas, ao passo que as grandes empresas preferem melhorias mais incrementais. Enquanto o desenvolvimento de produto, em uma startup, baseia-se em um MVP criado rapidamente para ser testado, em uma corporação esse é um processo longo, com vários passos, que envolvem várias áreas e trilham um caminho cheio de números, relatórios e aprovações. O processo de decisão costuma ser bem diferente também. Enquanto em startups ele é baseado em dados e geralmente é bem rápido, em grandes empresas é lento e dependente de pessoas. Além dos KPIs buscados, que em startups estão ligados à satisfação do consumidor e ao crescimento da base de usuários e que, em empresas tradicionais, é mais difícil escapar do retorno do investimento e faturamento.

Algo chave em um processo de aquisição de uma startup por uma grande empresa é a preservação da sua cultura, pois foi ela que tornou a pequena empresa interessante para o concorrente. Muitas empresas, ao fazerem a aquisição, decidem incorporar o time aos seus quadros e os produtos à sua linha de produção. É comum vermos iniciativas assim matarem a capacidade criativa da startup.

Em resumo, o modelo de aquisição é delicado e deve estar atrelado a objetivos estratégicos claros, sejam eles de aquisição de talentos (quando a empresa busca apenas recrutar o time), de tecnologia, de produtos ou de mercados, para que o modo de incorporação na nave-mãe seja adequado e a aquisição sirva ao seu propósito original.

CULTU

CAPÍTULO

O MINDSET
DAS STARTUPS

FOCO NO PROBLEMA OU NA SOLUÇÃO

Taavet Hinrikus e Kristo Käärmann são dois amigos estonianos. Taavet foi o primeiro funcionário do Skype, e seu salário era pago em euros. Como morava em Londres, tinha despesas para pagar em libras e por isso precisava fazer a conversão todos os meses. Seu amigo Kristo, que também morava em Londres, vivia a situação inversa. Recebia seu salário em libras e tinha de converter parte dele em euros para pagar um financiamento imobiliário na Estônia. Os dois ficavam revoltados por terem de pagar até 5% pela conversão e arrumaram uma solução: Taavet pagava em euros as parcelas do empréstimo de Kristo na Estônia, e Kristo arcava com despesas em igual valor para o amigo, em libras, em Londres. Depois de alguns meses operando dessa maneira, os dois começaram a perceber que aquela solução poderia resolver o problema de muita gente no mundo; pessoas que, como eles, precisavam converter moedas todos os meses e deixavam uma parcela relevante de seu dinheiro nas instituições financeiras que faziam o câmbio. Assim, em 2010, nasceu a TransferWise, uma plataforma que permite que o usuário faça remessas internacionais de recursos sem que o dinheiro saia do seu país, pois o site encontra rapidamente um usuário que esteja querendo fazer a operação inversa. Assim, ambos pagam muito menos do que iriam pagar a uma instituição financeira.[1]

O ponto que quero ressaltar aqui é a maneira como nasceu a empresa. Tudo começou com a constatação de uma dor: ter de pagar até 5% do seu suado salário para converter o dinheiro de uma moeda para outra. Isso deixava os dois amigos indignados, e eles resolveram buscar uma solução para o problema. Assim nasce a maioria das startups e é assim que elas desenvolvem seus produtos: tendo a dor do usuário no centro de tudo.

Imaginemos agora se Taavet e Kristo tivessem um amigo que fosse um executivo de um grande banco. E que contassem para ele sobre sua angústia de pagar uma taxa alta para fazer a conversão de moedas todos os meses. Supondo que o executivo se sensibilizasse com a dor de seus amigos e que resolvesse desenvolver uma solução que os atendesse, ele provavelmente faria o seguinte: chamaria os envolvidos na operação de câmbio e detalharia os custos e a margem que levavam o preço da operação para o cliente final ao patamar de 5%. Então, daria um desafio para que eles buscassem uma solução que reduzisse 30% dos custos envolvidos. Seria montado um comitê, que se reuniria semanalmente até completarem o prazo de três meses, dado como deadline para a solução.

O grupo seria multidisciplinar, teria profissionais de tecnologia, negócios, jurídico, *compliance*, operações, cada um buscando reduzir 30% de sua parte. A cada encontro, um ou mais membros do comitê trariam boas notícias, com descobertas de processos desnecessários, ineficiências que poderiam prontamente ser superadas, além de ideias de automação de parte dos processos. Após um mês de reuniões, o ganho já seria visível: cerca de 10%.

Nesse momento, alguém já teria feito uma planilha com investimentos necessários para gerar maiores ganhos. Isso envolveria o desenvolvimento de sistemas que automatizariam alguns processos, eliminando o trabalho humano, reduzindo tempo de execução e a ocorrência de erros. Esse tema viria a desvirtuar em parte as conversas, já que seriam convidadas outras áreas para a reunião seguinte a fim de discutir a viabilidade de furar a lista de prioridades no desenvolvimento de sistemas. Essa discussão obviamente não seria apenas técnica, teria um componente político de negociação entre os responsáveis pelas áreas, o que poderia atrasar o trabalho do comitê. Seria decidido, então, manter essa conversa em paralelo e colocar os ganhos decorrentes dessa automação como um *plus* do resultado atingido pelo comitê.

Para resumir, no prazo estabelecido, seria apresentado o resultado obtido pelo comitê: uma redução imediata de 14% nos custos envolvidos na operação. E um potencial de mais 12%, caso os investimentos em desenvolvimento de sistemas fossem aprovados. Considerando-se que a margem do banco permaneceria a mesma, podemos supor que o executivo poderia dar a boa notícia aos seus amigos três meses depois: havia conseguido uma redução de pouco mais de 10% no câmbio entre euros e libras. Assim, eles não pagariam mais 5%, pagariam cerca de 4,4% apenas. E com algumas pequenas melhorias no processo.

O que quero pontuar aqui é a diferença fundamental entre a maneira que uma startup e uma grande empresa desenvolvem a solução para um problema. A primeira foca a dor do usuário, o problema em si. A segunda parte das soluções existentes e tenta melhorá-las. A primeira naturalmente tende a criar soluções mais inovadoras. A segunda provavelmente gera produtos com melhorias incrementais.

Há um outro aspecto aqui também importante: startups têm escassez de recursos e, entre eles, gente. Normalmente, é o empreendedor e mais um ou dois. Em grandes empresas, ao contrário, há um bom número de especialistas no assunto, profissionais com muita experiência naquela área. E profissionais muito experientes tendem a resistir a ideias que desafiem o *statu quo*, a soluções disruptivas, com modelos de negócio muito diferentes ou com tecnologias muito inovadoras. Quando o sistema de injeção eletrônica substituiu os carburadores dos carros,[2] era comum ouvir engenheiros e mecânicos condenando a mudança, alegando uma série de motivos para mostrar que a indústria estava cometendo um erro. Isso é natural, mas não porque os seres humanos são resistentes às mudanças. Ao contrário, a espécie humana é a que melhor se adapta às transformações do ambiente.[3] As pessoas temem perder poder (em todas as suas formas) ou trabalho. E esse temor coletivo faz com que as empresas evitem olhar para algo muito distante das soluções já existentes. Além disso, os executivos das grandes organizações não têm incentivos para fazê-lo. Não podemos esquecer que inovar pressupõe falhar, e a falha costuma ser punida no ambiente corporativo.

A questão é que essa situação é insustentável nos dias atuais. Grandes empresas têm muito a aprender com as startups sobre como desenvolver uma solução para um problema. Elas não devem deixar de fazer as melhorias incrementais em seus produtos, pois isso tem grande valor. Porém, elas devem exercitar também o desenvolvimento de ideias disruptivas. E, para isso, é necessário mudar o foco e olhar para o problema. Muitas empresas já se deram conta disso e passaram a utilizar metodologias como *design thinking* para desenvolver novos produtos e serviços. Quando esse mindset se tornar parte do DNA das grandes organizações, poderemos ver soluções como a TransferWise nascerem dentro das corporações. E isso terá um enorme impacto em todo o ecossistema de inovação.

CUSTOMER CENTRICITY
(CLIENTE NO CENTRO)

As organizações verdadeiramente focadas no cliente não falam de *customer centricity*. Esse termo é usado pelas empresas que tradicionalmente focaram seus produtos, processos ou departamentos (silos) e recentemente se deram conta de que é o consumidor que deve estar no centro. A Amazon, que é um dos melhores exemplos de empresa focada no cliente,[4] não usa o termo acima, porque o foco no cliente está presente em tudo o que a empresa faz, seja no desenvolvimento de um novo produto ou serviço ou no atendimento ao consumidor. E o cliente percebe isso. Alguns anos atrás, comprei um equipamento na Amazon, no Estados Unidos, e na hora de arrumar a mala, joguei a embalagem fora para ganhar espaço. Quando cheguei ao Brasil, descobri que havia jogado fora a bateria do equipamento junto com a embalagem. Fiquei chateadíssimo com minha desatenção e preocupado em descobrir como iria conseguir comprar uma bateria de um produto que não era vendido no Brasil. Escrevi um e-mail para a Amazon contando o que havia acontecido; minutos depois, recebi uma resposta em que o atendente lamentava o ocorrido, dizia que conseguia imaginar o quão chateado eu estava e, em seguida, me apresentava três alternativas de solução:

1. Devolver o produto do jeito que estava, e o reembolso seria feito na hora, antes mesmo de eu enviar o produto;
2. Receber uma bateria nova, sem qualquer custo, pela forma econômica dos Correios. Em vinte dias eu a receberia em casa;
3. Receber uma bateria nova pelo Fedex, e eu a receberia em três dias; contudo, nesse caso, eu pagaria o frete.

Escolhi a segunda opção e recebi a bateria nova, no prazo acordado, sem pagar absolutamente nada. É importante frisar alguns aspectos nessa história:

- O atendente tinha autonomia para decidir;
- A empresa acreditou em mim e não pediu nenhuma comprovação do que eu estava dizendo;
- A empresa se solidarizou com a minha situação e me ofereceu soluções;
- A solução proposta me levou de um sentimento de chateação a um estado radiante, o que é bem difícil.

Normalmente, quando uma empresa resolve um problema, o consumidor fica satisfeito e ponto-final, contudo esse cuidado me tornou ainda mais fiel à Amazon. Esse é um excelente exemplo do que é ser uma empresa de fato centrada no cliente.

Em geral, quando grandes empresas falam em *customer centricity*, estão se referindo à sua visão de cliente. Uma visão que, muitas vezes, está longe da verdadeira experiência pela qual passa o consumidor e de suas necessidades. A mudança para uma empresa centrada no cliente, muitas vezes, passa pela necessidade de se rever a estrutura organizacional, para que o foco e incentivos das pessoas estejam realmente no melhor atendimento ao consumidor. É comum, até, vermos as companhias se reorganizando de acordo com a jornada do cliente, com uma área para o cadastro, outra para as transações do dia a dia, outra para o pós-venda, e assim por diante, como se seguissem os passos do cliente na utilização do produto da empresa. Porém, quando subimos um nível, vemos que essa estrutura está embaixo de cada diretoria responsável pelo produto. Ou seja, por mais que cada linha de produto esteja alinhada com a experiência do cliente, a visão da empresa ainda é por produto, e não por cliente.

Marcas verdadeiramente centradas no cliente costumam ser amadas no mercado. E essa relação de amor é construída em momentos positivos e negativos da experiência do usuário.

Os produtos da Apple funcionam muito bem. É raro um produto da marca dar problema.[5] Seus computadores são estáveis e raramente travam. Além disso, têm uma vida útil muito mais longa

GRANDES EMPRESAS TÊM MUITO A APRENDER COM AS STARTUPS SOBRE COMO DESENVOLVER UMA SOLUÇÃO PARA UM PROBLEMA.

do que qualquer PC. Os iPhones e iPads idem. Em geral, o usuário Apple não tem preocupações com o funcionamento do produto. Entretanto, quando precisa de assistência técnica, o serviço é muito eficiente nas lojas da Apple.[6] O cliente é bem atendido, os preços dos serviços são claramente explicados, o diagnóstico é feito rapidamente, e, em muitos casos, a Apple substitui o aparelho quando entende que isso é o mais justo a ser feito. Isso faz com que o usuário mantenha o seu nível de relacionamento com a marca no mesmo patamar.

Fazer compras na Amazon costuma ser uma experiência simples e agradável. Todas as informações do produto estão disponíveis; é fácil de comparar marcas concorrentes; há sempre muitos comentários de usuários, o que ajuda o consumidor a decidir; e, na hora de finalizar a compra, a data de entrega é claramente informada e, depois, cumprida. A experiência como um todo é muito boa. Mas, mesmo assim, se algo der errado ao receber o produto, ao recorrer ao atendimento pós-venda, é comum o usuário ser positivamente surpreendido. Trocar ou devolver um produto costuma ser muito simples, sem que o cliente precise ficar dando explicações. Se for necessário falar com um atendente, o usuário terá a sensação de estar falando com alguém com muito poder dentro da empresa, pois normalmente ele tem autonomia para dar, de imediato, uma solução que pode incluir algo gratuito ou outro benefício inesperado, que demonstre o quanto a empresa se sensibiliza com o problema do seu cliente.

Esses exemplos mostram que o que faz um cliente amar uma marca não é apenas uma boa experiência quando tudo dá certo. Mas, sim, manter o mesmo padrão na satisfação quando algo sai diferente do previsto. Porque é nesse momento que a empresa mostra de que lado do balcão ela está. As empresas digitais costumam fazer diariamente a opção pelo cliente, de maneira natural, sem que o consumidor precise reclamar, escalar o problema, ou recorrer à justiça. Ao contrário, nesses momentos, as empresas conseguem capitalizar em cima da insatisfação do cliente, reverter a situação surpreendendo-o, o que o torna ainda mais fiel e um verdadeiro embaixador da marca.

Empresas tradicionais costumam comemorar quando descem posições nos rankings de reclamações dos clientes. Empresas nativamente digitais se desesperam quando entram nesses rankings. Empresas tradicionais colocam o NPS como o indicador de satisfação do cliente. Empresas nativamente digitais olham para o NPS como um dentre os muitos indicadores, sendo alguns outros muito mais efetivos, em especial aqueles dados que medem o real engajamento do usuário, como o tempo de uso do aplicativo, a quantidade de vezes que o cliente o utiliza todos os dias, o número de serviços que ele usa; tudo isso a empresa consegue sem ter de perguntar nada aos clientes, apenas com base nos dados de utilização dos sites ou aplicativos.

DESENVOLVENDO NOVOS PRODUTOS

Em empresas tradicionais, quando se resolve desenvolver um novo produto ou serviço, a primeira decisão é definir embaixo de que área ele vai ficar. Ao fazer isso, a empresa cria automaticamente fronteiras internas, que delimitarão a experiência do cliente. Por exemplo, imaginemos que um banco deseje criar um novo produto de crédito que use os investimentos do cliente como garantia. Isso envolve duas áreas distintas: crédito e investimentos. A nova linha de crédito, então, ficará na área de mesmo nome, porém vai precisar de uma série de informações da área de investimentos. Eventualmente, precisará de algumas alterações de processos internos nesse departamento. Ocorre que a área de investimentos provavelmente não terá incentivos para priorizar o novo produto de crédito e colocará as alterações solicitadas em uma fila de espera. A área de crédito, já sabendo disso, pensará em uma maneira de evitar ao máximo solicitações a outras áreas e tentará um modo de colocar o produto mais rapidamente no mercado. O resultado será uma experiência muito aquém da que um competidor digital poderia proporcionar.

O MINDSET DAS STARTUPS

Se a empresa conseguir empurrar a decisão de que área vai ficar responsável pelo produto um pouco mais para a frente, talvez o produto ganhe um outro formato, com um desenvolvimento mais aberto e com áreas mais engajadas.

ATENDIMENTO

Se já há uma grande diferença no desenvolvimento de novos produtos entre empresas tradicionais e startups ou empresas nativamente digitais, esta é ainda maior no atendimento ao cliente. Em uma empresa digital, é comum, quando recorremos ao atendimento, termos a sensação de que estamos falando com um diretor da empresa. O atendente coloca-se em uma posição solidária ao consumidor e tem autonomia para tomar decisões. Invariavelmente, essa combinação leva a uma experiência fantástica, que surpreende positivamente o cliente e o faz ficar cada vez mais fiel à marca.

Dar autonomia a quem está na ponta é mais difícil em estruturas muito hierarquizadas. Isso porque um dos pilares da hierarquia é o sistema de aprovações. Normalmente, ele estabelece limites de atuação de acordo com a posição na hierarquia. Por isso, essa não é uma transformação simples para empresas tradicionais, porém é fundamental para competir no mundo digital.

Na Ágora, nos anos iniciais de operação, os links de internet eram muito ruins. A conexão era discada, por intermédio de um modem analógico. Isso gerava atraso nas informações de cotações das ações e, muitas vezes, acarretava algum prejuízo ao cliente. Em uma parte dos casos, o prejuízo decorria de uma falha nossa, em outra parte, de uma falha na infraestrutura do cliente. Tínhamos muitas reclamações todos os dias e levávamos um bom tempo pra averiguar cada reclamação. Gastávamos tempo e dinheiro nesses levantamentos, enquanto o cliente ficava insatisfeito. Fizemos uma conta e resolvemos dar autonomia aos atendentes para reembolsar os clientes, até um determinado valor, na mesma hora. Essa atitude deixou os clientes altamente surpresos e gerou um fortalecimento expressivo no vínculo dos clientes com a marca. Nessa época, eu tinha o hábito de ouvir de noite algumas ligações de clientes para entender melhor o seu comportamento. E estava claro que o maior motivo da satisfação dos clientes estava na presunção da honestidade. Não pedíamos para ele comprovar o que estava falando, partíamos da premissa de que era verdade.

INCERTEZA E RISCO

Gosto de usar, para comparar grandes empresas com startups, a analogia com o jogo das três caixas. Suponha que, na primeira caixa, tenhamos cinquenta bolas verdes e cinquenta bolas azuis. Se quisermos calcular a probabilidade de se tirar uma bola verde, a conta é muito simples. Essa situação ilustra o ambiente em que grandes empresas montam seus planos de negócios. Trata-se de um problema cuja solução pode ser encontrada por meio das muitas metodologias de planejamento estratégico que são ensinadas nos MBAs.

Na segunda caixa, sabemos que há cem bolas, porém não temos informações sobre suas cores. Para calcularmos a probabilidade de tirarmos uma bola verde, vamos tirando uma a uma e, com base na distribuição experimentada, vamos assumindo premissas e inferindo resultados. É como se faz nas metodologias de *customer development* ou *lean startup*. Fazemos um pequeno desenvolvimento, testamos no mercado, aprendemos e melhoramos o produto, em um ciclo rápido e contínuo.

Na terceira caixa, não sabemos que objetos se encontram ali dentro. Além disso, há alguns buracos nela, por onde entram e saem outros objetos de maneira totalmente aleatória. É praticamente impossível estabelecer a probabilidade de se tirar uma bola verde. Esse é o ambiente típico de uma startup. Um cenário de incerteza, onde tudo é imprevisível. Não se sabe que produto será criado, a que preço será vendido, se as pessoas vão gostar, se vão comprar, se os concorrentes vão reagir, se os fornecedores vão colaborar, se os reguladores vão permitir. Esse ambiente de incerteza é muito diferente de um cenário de risco, em que as probabilidades podem ser calculadas. Pode parecer exagerado, mas é isso que costuma sentir a maioria dos empreendedores. Claro que isso não vale para 100% das startups, mas vale para a maioria delas.

Em grandes empresas, dificilmente nos deparamos com a terceira caixa. Encontramos situações mais similares à primeira e à segunda, que representam ambientes de risco.

O universo da incerteza é o mundo dos empreendedores, que exige um modelo mental diferente. Com o objetivo de entender como empreendedores agem em um ambiente como esse, a professora Saras Sarasvathy, da Universidade de Virgínia (EUA), resolveu estudar a maneira como eles tomam decisões.[7] Com base em suas pesquisas, ela criou um método, que chamou de *Effectuation*. O *Effectuation* (efetivação) se opõe ao *Causation* (causalidade), e a professora Saras costuma usar um exemplo simples para ilustrar a diferença: imagine que você vá cozinhar um determinado prato. Pelo método *Causation*, você seleciona o prato que deseja fazer, busca uma receita, compra os ingredientes e, então, segue o passo a passo. Pelo método *Effectuation*, você abre a geladeira e a despensa e verifica os ingredientes disponíveis. Com base nos itens à sua disposição, cria um prato, usando sua experiência e criatividade.

Segundo Sarasvathy, os empreendedores seguem cinco princípios:

1. *Bird in hand*: o empreendedor reúne o que tem em mãos e traça objetivos (ao contrário do que grandes empresas fazem, que é traçar objetivos e buscar os recursos necessários para alcançá-los);
2. *Affordable loss*: o empreendedor foca o fôlego que possui, quanto tempo aguenta e quanto de dinheiro tem para gastar (ao contrário de grandes empresas, que estimam o potencial de ganhos da oportunidade);

3. *Crazy quilt*: o empreendedor busca parceiros que possam ajudá-lo a cocriar o produto (ao contrário de grandes empresas, que tendem a desenvolver tudo internamente);
4. *Lemonade*: o empreendedor faz, naturalmente, do limão uma limonada todos os dias. Ele tende a lidar com as surpresas de maneira positiva, extraindo valor de críticas e reclamações, usando-as pra melhorar o produto (ao contrário de grandes empresas, que costumam se proteger das críticas, alegando segurança, *compliance* ou encarando-as como pontuais);
5. *Pilot in the plane*: o empreendedor sabe que o futuro é imprevisível, e as soluções são criadas pelo piloto do avião durante o vôo (ao contrário de grandes empresas, que preferem planejar antes de executar).

É possível agir pelo método *Effectuation* em uma grande empresa? Sim, é possível. E, aplicando o método dos empreendedores em um ambiente de risco, as organizações podem obter enormes ganhos, alavancando todo o potencial empreendedor de seus colaboradores e tornando a prática uma verdadeira vantagem competitiva da era digital.

CAPÍTULO

COLABORAÇÃO NÃO É A SOLUÇÃO PARA TUDO

A BUSCA PELA COLABORAÇÃO NAS ORGANIZAÇÕES SE tornou uma obsessão. O termo está presente nas falas da grande maioria dos CEOs e é invariavelmente usado junto ao tema da agilidade. O Spotify disseminou um modelo organizacional que rapidamente se tornou sonho de consumo para grandes corporações:[1] tribos organizadas em *squads*, com profissionais de diversos níveis e áreas trabalhando em conjunto, de maneira colaborativa, no desenvolvimento de produtos e na operação da empresa. Com isso, a organização reduz a burocracia decorrente da hierarquia, empodera as equipes e toma decisões mais rapidamente.

Gosto sempre de olhar para essas metodologias a partir de sua origem. Isso costuma nos permitir ter uma visão crítica de sua aplicação. Nesse caso, a origem está nas startups. Nessas pequenas organizações, pessoas de diferentes áreas trabalham em grupos por uma razão muito simples: normalmente, são os únicos funcionários da empresa, e o espaço físico, em geral, se resume a uma sala. Assim, desenvolvem os produtos e processos conjuntamente, mesmo porque os profissionais, em geral, não têm uma grande experiência passada, então, qualquer ajuda é relevante. Trabalhando em equipe, conseguem se certificar de que estão fazendo o melhor que podem, estão usando todo o estoque de conhecimento acumulado e estão desenhando a melhor experiência para o usuário, já que todos na mesa também costumam se colocar na pele do consumidor. Nesse ambiente, a colaboração é um processo natural.

No caso de grandes organizações, a colaboração e as metodologias ágeis de fato resolvem uma série de problemas existentes em empresas mais tradicionais. Nestas, por exemplo, as áreas costumam priorizar seus projetos de acordo com suas metas. Isso gera conflito entre os setores internos e nem sempre o que deveria ser priorizado – do ponto de vista da empresa como um todo – consegue superar a barreira dos silos e de seus *pipelines* próprios. As *squads* (equipes multidisciplinares) são boas para isso. No desenvolvimento de produtos, como já mencionei no capítulo 6, algumas áreas como jurídico e *compliance* costumam criar barreiras às inovações, porque elas costumam representar riscos, e seus incentivos são contrários a eles. Então, engajar essas áreas no desenho de novos produtos e serviços ajuda a vencer essa resistência.

Em suma, há diversos casos em que a colaboração funciona e ajuda as organizações. Porém, quando estamos falando de processos operacionais, é comum ser mais necessária uma ordenação para que as coisas funcionem. Em áreas de *back office*, por exemplo, em que há pouco espaço para a criação e muita necessidade de eficiência, organizações mais tradicionais podem ser mais eficientes. Além disso, em projetos em que o produto ou o segmento de cliente a ser atingido são novos para a empresa, o modelo ágil também precisa ser avaliado, pois será necessário um expertise que a empresa não tem, e o líder do projeto poderá ter dificuldade em conseguir que todas as áreas forneçam mão de obra com a experiência necessária. É comum, nesses casos, que as áreas queiram alocar funcionários que mereçam a vaga por outras conquistas, já que projetos novos despertam o interesse de todos e a alocação em seu desenvolvimento passa a funcionar como uma espécie de prêmio por desempenhos anteriores. Assim, o novo projeto passa a contar com uma série de profissionais motivados e competentes, porém sem a experiência necessária. E aí, muitas vezes, a solução é não usar uma organização matricial e voltar a uma estrutura centralizada até que o produto comece a escalar.

CAPÍTULO

O CONSUMIDOR NO CENTRO

A MAIORIA DAS EMPRESAS SE DIZEM CENTRADAS NO cliente. Na verdade, poucas o são. Pelo menos de acordo com o que considero ser colocar o cliente no centro.

Em geral, à medida que as empresas crescem, elas passam a se organizar de acordo com os produtos que vendem ou os segmentos de clientes que atendem. Assim, vemos empresas com divisões como varejo e atacado e indústrias que se organizam em função de suas linhas de produtos. Essa é uma evolução natural da estrutura organizacional e faz sentido, já que, à medida que os negócios evoluem e as empresas crescem, elas precisam dar foco nos produtos e serviços que vendem. Assim, vão contratando profissionais com experiência naquele produto ou segmento específico e vão tornando as áreas especializadas na sua área de atuação.

O problema é que isso acaba gerando um efeito colateral, que é o distanciamento do cliente. As organizações, ao seguirem dessa maneira, começam a se voltar para dentro; cada área passa a perseguir as próprias metas e, com o passar do tempo, perde-se a visão do usuário final. Processos e sistemas são criados para que cada área atinja seus objetivos. E, à medida que amadurecem, fica cada vez mais difícil mudar alguma coisa. Mudanças nos processos ou sistemas passam a representar um risco de que as coisas deixem de funcionar. Porém, o mercado continua evoluindo, e o mesmo acontece com as necessidades dos consumidores. O resultado dessa dinâmica acaba sendo o distanciamento em relação às dores reais do dia a dia do cliente.

Por exemplo, um banco com muitos produtos terá uma área que cuida de cartão de crédito, outra para investimentos, outra para financiamento imobiliário, outra para crédito pessoal, outra para financiamento automotivo e por aí vai. Cada área dessas tem suas metas, monta suas campanhas para gerar vendas, estabelece as próprias regras de negócios. Por mais que haja uma área que cuide daquele segmento e os gerentes de relacionamento que têm a missão de olhar para o cliente, a máquina corporativa acaba travando o acesso a informações, e o que menos se vê são decisões que de fato privilegiem o usuário. O gerente de relacionamento na ponta dificilmente tem autonomia e acaba precisando seguir regras, fazer consultas a outras áreas e, nesse processo, a organização se distancia da centralidade no cliente.

Por isso, de alguns anos para cá, muitas empresas investiram em mapear a jornada de seus usuários e em reorganizar a estrutura interna para estarem mais alinhadas às diferentes etapas dessa jornada. As empresas voltaram às pranchetas para entender o que faz os consumidores comprarem seus produtos e serviços e como o fazem. Ao se depararem com o resultado, muitas resolvem modificar sua estrutura organizacional e adequá-la à jornada desenhada. Assim, são criadas equipes multidisciplinares de acordo com o passo a passo seguido pelo cliente. Um grupo passa a analisar o modo como o cliente procura pelo produto na internet. Outro vai ter como objetivo converter essas buscas em cadastros. E um terceiro vai cuidar de engajar o cliente para que ele se mantenha satisfeito e aumente o volume de negócios com a empresa. Enquanto outro grupo vai focar o atendimento pós-venda. Esses grupos, que têm desenvolvedores de sistemas, designers, advogados do departamento jurídico, profissionais de *compliance*, marketing e outras áreas da empresa, são chamadas *squads* e seguem uma metodologia para o desenvolvimento de suas atividades, chamada metodologia ágil. O objetivo é evoluir em pequenos passos, fazer pequenas entregas que possam ser testadas com os usuários e, com base nos resultados dos testes, ser melhoradas continuamente.

Essa reorganização já é uma grande evolução, pois alinha os objetivos das áreas ao caminho que o usuário percorre em sua experiência de uso dos produtos. Isso ajuda a aproximar a empresa da visão do cliente. É justamente quando chegam nesse estágio que muitas organizações passam a se considerar centradas no cliente. Porém, atingir esse estágio está longe de significar que isso seja verdade. Ter o cliente no centro pressupõe pensar e, principalmente, sentir-se como ele. E, a partir daí, modificar os processos internos e tomar decisões que os satisfaçam. Não se trata apenas de entender e desenhar o processo de utilização dos seus produtos e serviços. A centralidade no cliente refere-se sobretudo ao lado emocional da relação do usuário com a marca e com os produtos da empresa.

Por exemplo, precisei comunicar o roubo de cartões de crédito para cinco bancos emissores. Liguei para as centrais de atendimento e, em quatro delas, o processo foi muito parecido: o atendente solicitou dados para assegurar-se de que não se tratava de uma fraude, registrou a data e horário da ocorrência, efetuou a solicitação de um novo cartão e me orientou a verificar atentamente, na próxima fatura, o eventual lançamento de despesas indevidas. Não fui mal atendido, pelo contrário. Foram seguidos todos os procedimentos esperados e com relativa eficiência. Em um dos emissores, entretanto, o atendente reagiu de maneira completamente diferente: a primeira pergunta que me fez foi se eu havia sofrido alguma violência no momento do roubo e se eu estava bem. Logo após a minha resposta, ele me perguntou a data e horário do ocorrido e imediatamente me tranquilizou, dizendo que nenhuma despesa havia sido efetuada no cartão após o roubo, ou seja, não havia com o que me preocupar. Em seguida, me informou que, em cinco dias, eu receberia em casa um novo cartão. Esse é um exemplo do que considero uma empresa centrada no cliente. Ela foi capaz de se solidarizar com a minha dor. Foi capaz de entender o que eu, como cliente, estava sentindo e se colocar do meu lado. Note que a empresa investiu em um sistema que pudesse me garantir, naquele exato momento, se havia sido feita alguma despesa indevida. Isso certamente representou um investimento grande. E decidiu investir porque alguém entendeu quanto isso seria importante em um momento como esse, em que o consumidor está nervoso e com diversas preocupações na mente. A empresa entendeu que dar essa tranquilidade nesse momento teria um valor para o seu cliente e foi com base nisso que decidiu fazer o que fosse necessário. Veja que a empresa não parou no entendimento da jornada do usuário. Outros bancos provavelmente mapearam essa mesma jornada e decidiram não mudar seus processos. Seja porque entenderam que daquela maneira atendiam ao que o cliente precisava ou porque avaliaram que o investimento necessário não se justificava. Provavelmente, não estava presente a preocupação em se colocar na pele do cliente, entendendo os seus sentimentos e emoções. Trabalhar nesse nível da experiência do usuário é a chave para colocar o cliente no centro.

Infelizmente, o mais comum é as empresas tentarem responder à demanda dos clientes pelo aspecto funcional. Nesse caso, garantir que a pessoa que está ligando é o cliente, registrar a ocorrência, solicitar um novo cartão. Pronto, o processo está concluído, e o cliente está atendido.

Não é incomum ligarmos para alguma central de atendimento e termos de oferecer inúmeras provas de que não somos fraudadores tentando causar um prejuízo à empresa. Atendentes nos exigem reproduções de telas, horários exatos da transação, mínimos detalhes do ocorrido. E, em geral, registram todas as informações, geram um protocolo e pedem cinco dias úteis para retornar. O consumidor sente-se como um réu a caminho do julgamento. Em suma, há uma presunção da desonestidade. O consumidor invariavelmente precisa provar que está falando a verdade e que não está cometendo uma fraude. Sabemos que vivemos em um país campeão em fraudes e que a justiça nem sempre ajuda os honestos na velocidade desejada. E isso, claro, faz as empresas criarem suas proteções. Porém, empresas realmente centradas no cliente esforçam-se e investem recursos para que busquem inverter esse processo e partir da presunção da honestidade no atendimento a seus usuários.

A centralidade no cliente não deve ser apenas um valor da cultura organizacional. Ela deve ser debatida internamente para que seu significado seja entendido por todos. Para, assim, refletir nas decisões que vão de fato levar à maior satisfação dos consumidores.

IMPLEME
A INOVA
PRÁTICA

NTANDO
ÇÃO NA

PARTE QUATRO

CAPÍTULO

DESAFIOS PARA EMPRESAS TRADICIONAIS

DEPOIS QUE UMA EMPRESA ATINGIU UM DETERMINADO patamar em seu ciclo de vida, e isso vale para uma multinacional ou para um supermercado de bairro, ela começa a correr atrás de eficiência. Seus gestores já conhecem profundamente o negócio. O faturamento já atingiu certa estabilidade, e a empresa é lucrativa. Nesse estágio, é comum haver uma busca constante pela eficiência; fazer mais com menos se torna um mantra. Em organizações maiores, com conselhos de administração, essa pressão é ainda maior. O CEO sabe que, a cada fim de trimestre, ele terá que ir ao conselho mostrar os resultados financeiros do período: receita, margem, lucro, índices de endividamento, retorno dos investimentos e outros indicadores de desempenho mais específicos do segmento em que a empresa atua.

Imagine um CEO de uma empresa do setor de saúde, por exemplo. Suponhamos que ele esteja em um cenário de profunda transformação na indústria, com grandes laboratórios farmacêuticos sendo desafiados por pequenas startups criadas em laboratórios de universidades ou por médicos experientes. E que, diante desse cenário, ele veja a necessidade de a empresa fazer investimentos que vão reduzir a lucratividade durante alguns trimestres para buscar um resultado melhor no longo prazo. Claro que estamos generalizando muito aqui, mas é provável que o conselho entenda o novo contexto de mercado, considere que o investimento seja necessário, porém sugira que o CEO encontre uma maneira de a empresa não reduzir seus resultados. E mais, continue cobrando dele uma constante melhora nos números, porque predomina o mindset da eficiência, a busca infinita pela melhor maneira de fazer o mesmo.

O interessante é que esse mindset de eficiência pode representar uma barreira às iniciativas inovadoras. Inovar significa testar algo que ainda não foi feito e, necessariamente, inclui falhar. Significa experimentar uma nova forma de se fazer o mesmo ou fazer algo diferente. Em ambos os casos, há uma única certeza: dificilmente dará certo da primeira vez, sendo que, muitas vezes, a ideia inicial se mostrará inviável. E tudo o que foi testado deverá ser usado para um novo experimento, em um ciclo virtuoso interminável. Para algumas organizações, esse processo pode soar como utopia, dada a sua obsessão por eficiência.

Historicamente, empresas tradicionais aprenderam a punir as falhas, uma vez que, na busca pela eficiência, a falha é vista como um descaminho nessa trajetória. No entanto, a falha está presente no nosso dia a dia o tempo todo e é natural que também esteja na vida das empresas. Muitas vezes erramos o caminho quando estamos dirigindo, e isso nos faz conhecer uma outra área da cidade, um lugar que não sabíamos que existia e que nos interessa por algum motivo. Além de ser uma ocorrência natural em qualquer processo, a falha aumenta as chances de sucesso de um projeto, pois descarta possíveis tentativas. Thomas Edison dizia que, cada vez que uma experiência dava errado, ele ficava mais próximo da descoberta da lâmpada.[1]

Em português, o termo *fail* é comumente traduzido como "fracasso" em vez de "falha". Isso é muito significativo, porque fracasso é o fim de um processo, ao passo que a falha é uma etapa intermediária. Quando se chega ao fracasso, não há nada mais a fazer. Quando se falha, ao contrário, extrai-se um aprendizado que dá mais consistência e conhecimento acumulado ao processo.

Organizações que não lidam bem com as falhas acabam criando um ciclo que tende a distanciá-las cada vez mais de iniciativas inovadoras. O medo de falhar faz com que as pessoas estabeleçam metas menos ousadas, pois não querem colocar em risco sua avaliação de desempenho no fim do ano. Esse movimento, acumulado ao longo dos anos e disseminado por toda a organização, torna a empresa menos inovadora e fortalece uma cultura cada vez mais conservadora.

A falha deve ser vista como um elemento natural e necessário nos processos, cujo ciclo deve contemplar teste-falha-aprendizado até que a falha não ocorra mais; então, a experimentação terá sido bem-sucedida.

Por isso, falamos no capítulo 5 da importância de se desenhar uma estratégia de inovação que contemple indicadores de desempenho e que esteja alinhada com a estratégia corporativa. Porque, sem isso, o CEO continuará sendo cobrado pelos resultados de curto prazo, que são incompatíveis com iniciativas de inovação.

Isso tudo, na teoria, é bonito e até fácil de entender. Mas, a essa altura, você está se perguntando: "Ok, mas como faço isso na prática?".

É importante distinguir dois tipos de falhas: aquelas que acontecem por falta de atenção/capacitação/habilidade e aquelas que acontecem em decorrência de uma experimentação. As primeiras já são normalmente tratadas pelas empresas com treinamento, governança e processos. Fazem parte do dia a dia de qualquer organização. As falhas de inovação são aquelas que decorrem de alguma tentativa de inovar em algum produto ou processo. Estas, sim, é que precisam ser planejadas e estimuladas. Estas, sim, vão aumentar a capacidade inovadora da empresa, testar suas fronteiras e aumentar suas chances de competir nessa nova era.

Quando eu e meus sócios lançamos a Órama, a primeira plataforma de investimentos digital no Brasil, eu tinha total obsessão

DESAFIOS PARA EMPRESAS TRADICIONAIS

ORGANIZAÇÕES
QUE NÃO LIDAM
BEM COM AS FALHAS
ACABAM CRIANDO
UM CICLO QUE TENDE
A DISTANCIÁ-LAS
CADA VEZ MAIS
DE INICIATIVAS
INOVADORAS.

pela experiência do usuário. Quando entregava meu cartão com o meu cargo (CEO), eu explicava: *chief experience office*. Para montar uma experiência de navegação diferente, fomos buscar referências em outras áreas, como esportes, saúde e *e-commerce*; acabamos encontrando muita inspiração nos sites que traziam informações e análises sobre as seleções que participariam da Copa do Mundo. O ano era 2010, e a Copa da África do Sul estava prestes a começar. Descobrimos que a maneira de comparar a performance das seleções trazia insights interessantes sobre como comparar fundos de investimentos no aspecto visual. A interface do site começou a ficar tão diferente que eu resolvi testar um desejo antigo: construir um extrato diferente daquela antiga tripa de papel cheia de códigos, em que não se conseguia buscar nenhuma informação com facilidade, tampouco interagir. Na minha visão, o extrato deveria se parecer com uma agenda do Outlook. No formato de um calendário, com ícones coloridos, que poderiam ser arrastados e colados, e com um campo de busca como o do Google, em que o usuário poderia encontrar qualquer lançamento com facilidade, digitando um nome, um valor, uma data, um período, enfim, como fazemos quando estamos buscando uma informação no site de busca e não sabemos exatamente como procurar.

Depois de algumas semanas, ficou pronta a primeira versão do tão sonhado extrato. Parecia, para mim, algo extremamente intuitivo, agradável e funcional. Após exaustivos testes, colocamos o novo e revolucionário modelo de extrato no ar! Os dias foram passando, e pouquíssimos usuários o utilizavam. Fizemos um vídeo para ensinar a manipulá-lo e estimular o seu uso, mas não adiantou. Começamos a receber e-mails e ligações de clientes perguntando onde poderiam acessar o extrato. Explicávamos como usar a nova ferramenta, e a grande maioria não gostava, não entendia, não confiava e reclamava. Conclusão: tivemos que correr para construir um extrato tradicional, exatamente igual àqueles de que eu tanto reclamava como usuário dos bancos tradicionais.

Debrucei dias e mais dias sobre esse caso para entender o que podia extrair dali como aprendizado para futuras implementações e acabei entendendo algo que foi fundamental no sucesso da plataforma. Eu compreendi que já éramos inovadores em três frentes:

MODELO DE NEGÓCIO

Não éramos um banco comercial, como os grandes bancos brasileiros que tanto conhecemos; não éramos uma corretora de valores, como havia sido a Ágora ou como era a já líder do mercado na época, a XP; não éramos um banco de investimentos, como o BTG Pactual; não éramos um *family office*, que só atendia famílias muito abastadas; e não éramos gestores de recursos, que só faziam a gestão de seus fundos. Éramos um "bicho" diferente, uma nova categoria, chamada plataforma de investimento (hoje, são mais de quarenta no Brasil).

CANAL DE DISTRIBUIÇÃO

Não tínhamos agentes autônomos de investimentos; não tínhamos agências, filiais ou escritórios; éramos puramente digitais. Usávamos a internet para anunciar, divulgar a marca, divulgar nossos fundos de investimento. Monitorávamos de perto o interesse dos clientes; criamos ferramentas de alocação de recursos – chamadas *robo advisors* – que faziam algumas perguntas para o investidor e, com base em suas respostas, recomendavam um portfólio de investimentos. Disponibilizávamos essas ferramentas em portais, como Terra, UOL e Globo.com e, com isso, gerávamos *leads* para a nossa página. Eu escrevia artigos em diversos sites como maneira de atrair mais clientes. Entendíamos que, uma vez captando o cliente de maneira digital, ele se relacionaria com a empresa sempre de maneira digital. E, ao contrário, se colocássemos uma equipe comercial para captar clientes com visitas presenciais ou ligações, criaríamos um relacionamento pessoal, que depois teríamos mais dificuldade de migrar para o digital. E, se investíssemos em equipe comercial, reduziríamos a capacidade da empresa de crescer de modo exponencial com o mesmo patamar de custos. Esse racional era uma parte importante da estratégia.

PRODUTOS

Nossos fundos não eram encontrados em nenhum outro lugar para o varejo. Os produtos que distribuíamos só eram encontrados nos segmentos *private* dos bancos, para clientes com mais de 5 milhões de reais. Ou seja, éramos muito diferentes de todos os outros *players* do mercado. O ponto central é que o nosso negócio mexia com uma das áreas mais sensíveis na vida de qualquer pessoa: sua reserva financeira. Descobri, na época, pesquisas que mostravam, por exemplo, que indivíduos acima de 40 anos tinham mais cuidado com seu dinheiro do que com sua saúde. E, nesse contexto todo de inovação, o que fazia o elo emocional do pequeno investidor da Órama com o atributo "confiança" era o bom e velho extrato. Ele materializava a relação entre aquela plataforma tão inovadora com a solidez de uma instituição financeira, em que ele poderia depositar seus suados recursos para aumentar seu patrimônio. A visualização do extrato dava a confiança necessária para que o pequeno investidor ficasse tranquilo, sabendo que seu dinheiro estava de fato no lugar onde ele havia depositado e que este lugar era tão confiável quanto um banco tradicional.

Esse insight foi extremamente relevante em toda a estratégia da Órama nos anos seguintes e se refletiu em decisões, produtos e serviços.

CAPÍTULO

O ECOSSISTEMA DA INOVAÇÃO ABERTA

13

O ECOSSISTEMA DA INOVAÇÃO ABERTA SE TORNOU UMA verdadeira indústria, com diferentes *players* desempenhando cada um o seu papel. As regiões, no mundo todo, que têm startups bem-sucedidas normalmente são aquelas cujo ecossistema é bem desenvolvido. O Vale do Silício é a referência mais comum, porém encontramos ecossistemas desenvolvidos em Israel, China, Índia, Estônia, Reino Unido, Canadá, França e também no Brasil. Um ecossistema desenvolvido significa que os diversos participantes (fundos de *venture capital*, investidores-anjo, aceleradoras e incubadoras, universidades e centros de pesquisa, associações de classe, *hubs* e espaços de *coworking*, governo etc.) estão presentes e apoiam as startups em todos os estágios do seu ciclo de vida. No Brasil, até 2010, havia menos de vinte fundos de *venture capital* ativos. O número de aceleradoras e incubadoras era pequeno e praticamente não havia espaços de *coworking* como os que temos hoje. Após cinco anos, essa realidade já havia mudado completamente e, poucos anos depois, o número de aceleradoras e incubadoras já passava de cem no país. Fundos globais passaram a enxergar o Brasil como um país de grande potencial para startups, dado o tamanho da população e as ineficiências presentes nos diversos segmentos.[1]

Para uma empresa que esteja querendo se aproximar de startups, é importante entender que ela precisa se aproximar do ecossistema que está ao seu redor. Por isso chamamos de estratégia de Inovação Aberta. Na Inovação Fechada, as iniciativas de inovação são desenvolvidas internamente, sem a ajuda de terceiros. Na Inovação Aberta, ao contrário, a intenção é que as inovações sejam desenvolvidas em parceria com terceiros, normalmente, mas não necessariamente, com startups. Digo normalmente, porque é o que acontece na maioria das vezes. Porém, há casos em que a parceria se dá com uma universidade ou um centro de pesquisa.

Retomando o que falamos no capítulo 7, a premissa básica da Inovação Aberta é que, para um determinado problema que a empresa esteja tentando resolver, deve haver outras pessoas tentando resolvê-lo em algum outro lugar no mundo. Ou talvez alguém que já tenha criado uma solução para ele. Então, por que achar que a empresa tem mais chance de resolvê-lo sozinha, com seus recursos internos? Por que não buscar em algum outro lugar do planeta alguém que já tenha pensado sobre ele e investido tempo e outros recursos para tentar chegar a uma solução? Por que não testar essas soluções?

A questão é que não há um caminho único e estruturado para se chegar a essas soluções. Não existe um diretório de startups onde se faz uma busca e se chega à solução que atende àquele problema, embora muitas empresas no início dessa jornada acreditem nisso. Na verdade, os diretórios até existem. Mas simplesmente acessá-los não basta. Para encontrar essas soluções, é necessária uma estratégia que passa por se aproximar desse ecossistema, criar uma reputação de uma empresa *founder friendly* – que respeita as startups e que toma decisões rapidamente – e estar presente nos ambientes onde a inovação acontece, seja em *hubs*, eventos, espaços de *coworking* etc.

Na estratégia de Inovação Aberta, como já falamos em outros momentos neste livro, devem ser considerados os aspectos relacionados às diferenças culturais entre startups e a empresa. Processo de decisão, níveis hierárquicos, governança, sistemas, autonomia das áreas internas, critérios de priorização de projetos, todos esses itens devem ser cuidadosamente pensados. Esses fatores vão estar presentes no momento em que a estratégia começar a ser desenhada e, ainda mais fortemente, no momento de sua execução. Por isso, é importante a empresa começar a construir sua reputação no ecossistema da Inovação Aberta. Isso se faz com presença nos eventos, nas organizações e nos locais relevantes para o ecossistema, mas o fator-chave será a maneira como ela interage com as startups. E aí existem temas mais e menos relevantes.

A velocidade, por exemplo, é sempre um tema importante: para agendar reuniões, para envolver pessoas de diferentes áreas, para tomar decisões e para seguir ou não em frente com os projetos. Aqui, deve haver o mínimo de diferença entre o discurso e a prática. Muitas vezes, essa diferença decorre do fato de que a área que conversa com as startups (inovação, *lab* etc.) não tem poder para acelerar as decisões das áreas de negócios, e estas têm outras prioridades. Esse desalinhamento de prioridades costuma gerar um descompasso, e isso acaba impactando negativamente a imagem da empresa no ecossistema. O contrário, no entanto, costuma "viralizar" depressa. Quando uma startup encontra agilidade no relacionamento com uma empresa, isso se dissemina rapidamente. Os empreendedores contam suas experiências para os investidores em eventos, nos *hubs* que frequentam, e a notícia se espalha facilmente. Por isso é tão importante dar atenção especial a esse processo.

Portanto, uma estratégia de Inovação Aberta deve contemplar o relacionamento com os diversos participantes, relacionados a seguir.

FUNDOS DE *VENTURE CAPITAL*

Os fundos de *venture capital* são o grande motor que impulsiona o ecossistema das startups. Dados da OECD[2] mostram que, em 2019, esses fundos investiram cerca de 480 bilhões de dólares por todo o mundo. Embora o Brasil ainda represente uma parcela muito pequena desse total, os números por aqui vêm crescendo a taxas bem altas.

Os fundos de *venture capital* dividem-se entre os institucionais e os corporativos. Os institucionais são os veículos de investimento que captam recursos para aplicar em startups e são geridos por gestores especializados nesse mercado. Os corporativos, chamados *corporate venture capital*, são fundos de empresas que resolvem apostar nesse mercado, normalmente para testar novos produtos, tecnologias ou mercados. Em geral, têm por trás uma tese muito mais de sinergia com o seu negócio do que de retorno financeiro.

Os fundos são os grandes responsáveis pelo *boom* das startups nos últimos anos.[3] Seus métodos para avaliação de startups fizeram com que fossem despejados bilhões de dólares nas mãos de ousados empreendedores, que têm se dedicado a reescrever negócios e cadeias de valores. Olhando sempre para o longo prazo, não costumam investir em função dos ciclos econômicos. Em alguns casos, até preferem investir em momentos de crise, quando empresas tradicionais demitem muitos funcionários experientes, que ficam mais disponíveis para arriscar suas carreiras em startups.[4]

GOVERNO

No início da década de 1990, o governo de Israel viu a necessidade de atrair capital de fundo de risco do Vale do Silício e da Europa para fomentar o ecossistema local.[5] Como estímulo, criou um programa em que investia o mesmo valor que o fundo aportasse na startup. Ou seja, se a rodada fosse de 500 mil dólares, o fundo só precisava

QUANDO UMA STARTUP ENCONTRA AGILIDADE NO RELACIONAMENTO COM UMA EMPRESA, ISSO SE DISSEMINA RAPIDAMENTE.

entrar com metade disso, porque a outra parte era investida pelo governo israelense com uma característica muito importante: o valor investido pelo governo não se convertia em ações das startups. Era uma dívida, que só deveria ser paga em caso de sucesso da empresa. Ou seja, além dos empreendedores serem menos diluídos, só seriam devedores se tivessem recursos para pagar. Esse programa foi uma importante alavanca para o sucesso do ecossistema israelense, que hoje é uma referência global.

Segundo o "Global Startup Ecosystem Report de 2019",[6] as ações de governo mais efetivas para fomentar o ecossistema de startups são aquelas que estimulam *funding* e acesso a capital (como Israel fez na década de 1990), seguidas de programas que reduzem a burocracia para startups e que facilitam a imigração de empreendedores e trabalhadores dessas empresas. A Austrália implementou com sucesso uma política de redução de impostos para investimentos em estágio inicial, e a França também é um exemplo com seu Bpifrance, um banco estatal que fez importantes investimentos em startups.[7]

INVESTIDORES-ANJO

Os investidores-anjo desempenham um papel altamente relevante para o ecossistema. São eles que provêm capital em um momento crucial para as startups, que é aquele estágio em que o modelo de negócio ainda não está efetivamente testado e precisará de ajustes. O anjo normalmente ajuda o empreendedor a encontrar o caminho para o negócio, então, além do suporte financeiro, há uma ajuda na estratégia e até na própria operação, uma vez que, em muitos casos, o investidor-anjo contribui com sua rede de relacionamentos, abrindo portas e fazendo contatos.

Nos EUA, a Angel Capital Association estima[8] que haja 300 mil investidores-anjo ativos por lá. Um outro levantamento, da National Venture Capital Association,[9] afirma que os investidores-anjo investiram, em 2015, 24,6 bilhões de dólares, distribuídos por 71 mil empresas. Em sua maioria, os investidores-anjo são executivos de empresas ou empreendedores bem-sucedidos, que entendem o momento do empreendedor em estágio inicial e sabem quanto podem ajudá-lo em sua jornada.

ACELERADORAS E INCUBADORAS

As aceleradoras são organizações que oferecem um programa em que aplicam uma metodologia para acelerar o desenvolvimento de startups. As empresas se inscrevem para esse programa, a aceleradora faz uma seleção com base nos seus critérios, e as que passam ficam por determinado período, que normalmente vai de três meses a um ano, no local de aceleração. A aceleradora possui especialistas em áreas como estratégia, tecnologia, marketing, *growth*,[10] jurídica, financeira, além de ter uma rede de mentores que também ajuda nas conversas com os empreendedores. Em geral, as aceleradoras investem tempo e dinheiro nas startups em troca de uma participação acionária minoritária.

A primeira aceleradora foi a Y Combinator, fundada por Paul Graham, em 2005, no Vale do Silício.[11] Por lá, passaram empresas como Dropbox, Airbnb, Reddit e Scribd. Em 2006, foi criada a Techstars, hoje uma das maiores do mundo, presente em diversos países.[12] E em 2010, nasceu a 500 Startups, a mais ativa de todas, com presença em todos os continentes.[13]

Além das aceleradoras independentes, cresceu nos últimos anos o número de aceleradoras corporativas, aquelas que funcionam dentro das grandes empresas. No Brasil, até o fim de 2019, já haviam sido mapeadas quase cem aceleradoras de startups, dentre as independentes e corporativas.

Já as incubadoras costumam estar ligadas a universidades ou ao governo, e seu programa não costuma ser tão rigoroso em relação à metodologia aplicada. Em geral, as incubadoras estão mais focadas em estágios mais iniciais do negócio. Muitas vezes, o time ainda nem está formado, há apenas uma ideia ou hipótese a ser validada. E a incubadora vai ajudar a estruturar a empresa, montar o time e validar essas hipóteses.

UNIVERSIDADES E CENTROS DE PESQUISA

Universidades e centros de pesquisa também podem ser muito ativos no ecossistema da Inovação Aberta. Muitas vezes, isso se dá por meio de empresas juniores ou de verbas de institutos de pesquisa, e a conexão com grandes e médias empresas é importante para tangibilizar os estudos acadêmicos, trazendo-os para a realidade das organizações. As universidades também são uma ótima fonte de talentos para as empresas, então estar conectado com elas e desenvolvendo projetos em conjunto ajuda a construir uma imagem positiva da empresa, o que pode gerar nos estudantes um desejo de trabalhar lá após a formatura. Esse é um benefício adicional relevante, sobretudo porque há uma briga por talentos no mercado.

ESPAÇOS DE *COWORKING* E *HUBS* DE INOVAÇÃO

Os espaços de *coworking* e os *hubs* de inovação se tornaram mais comuns nos últimos anos e ganharam relevância no ecossistema por sua capacidade de criar comunidades e conectar pessoas. Nesses ambientes, circulam muitas pessoas diariamente e acontecem muitos eventos. Assim, as pessoas se encontram o tempo todo e, desses encontros não planejados, acabam saindo ideias e negócios. Os empreendedores habituam-se a dividir seus desafios, tirar dúvidas, compartilhar ansiedades e, a partir dessas conversas, descobrem novos caminhos para suas startups. Estar presente nesses espaços tornou-se imperativo para empresas que querem estar inseridas no ecossistema da inovação.

ASSOCIAÇÕES

As associações que reúnem startups de diversos segmentos, investidores e fundos também desempenham um papel relevante no ecossistema, representando seus grupos junto a reguladores e ao mercado. Costumam promover eventos, encontros para discussões, viagens, além de elaborar relatórios que consolidam dados dos segmentos em que atuam. No Brasil, a Associação Brasileira de Startups, a Associação Brasileira de Fintechs, a Associação Anjos do Brasil e a Associação Brasileira de Private Equity e Venture Capital (ABVCAP) são algumas das que vêm desempenhando uma importante função, ajudando a criar as regulamentações para o setor e impulsionando o seu desenvolvimento.

CAPÍTULO

COMO TRABALHAR COM STARTUPS

ORGANIZAÇÕES TRADICIONAIS TÊM SE APROXIMADO do ecossistema de startups. À medida em que elas se dedicam a explorar oportunidades com essas pequenas empresas, alguns cuidados importantes devem ser observados. É comum uma área decidir fazer um piloto com uma startup, no espírito de testar a solução, como se fosse uma experiência exploratória em um laboratório. Porém, há dois passos importantes a serem seguidos antes de se iniciar um piloto com uma startup:

1. Defina claramente o que será medido (KPIs) nos testes e qual será o próximo passo caso o resultado seja positivo. Se der errado, a decisão é fácil, o projeto não segue em frente. Porém, se der certo, o que se faz? Contrata-se a startup? Dei muita consultoria para grandes empresas que testavam soluções de startups, e era muito comum ver testes bem-sucedidos, feitos nos *labs* ou na área de tecnologia, e, somente depois disso, é que a área

de negócios passava a ser envolvida. Aí, invariavelmente, o processo parava, porque não era uma prioridade para a área de negócios;

2. Defina um *sponsor* da área de negócios para liderar os testes. Esse profissional deve sentir-se o pai do projeto, aquele que o vai defender nos fóruns competentes.

Feito isso, há mais algumas recomendações relevantes.

CONTRATAÇÃO

Contratar uma startup é algo diferente de contratar uma empresa do jeito que as grandes organizações estão acostumadas. Uma startup, e claro que isso depende muito do seu estágio de desenvolvimento, normalmente não tem uma área dedicada ao processo de contratação por uma empresa tradicional. Não possui um departamento jurídico, com advogados que possam analisar uma minuta de um contrato, e não costuma estar preparada para lidar com a burocracia normal de uma área de compras de uma grande organização.

Então, antes de estabelecer uma parceria com uma startup, uma empresa tradicional deve se conscientizar de que o processo de contratação será diferente. As áreas envolvidas precisam estar cientes de que as exigências deverão ser menores. Por exemplo, lembro-me de que, em um projeto de consultoria para uma grande multinacional, no qual ela estava contratando uma startup fornecedora de um software, a área de riscos insistia em uma cláusula de multa caso o software não funcionasse conforme o esperado. O problema é que o valor da multa era mais de quarenta vezes maior que o patrimônio líquido da startup, o que significa que ela não teria a menor condição de arcar com esse custo caso fosse obrigada a isso. A solução foi o diretor da área que estava contratando a startup assinar um documento interno no qual assumia o risco de execução e isentava a startup da multa em caso de falha na prestação de serviço. A solução foi dada, porém a sua discussão tomou mais de três meses, e por pouco a startup não desistiu do negócio.

OPERAÇÃO

Uma das causas mais comuns para que uma parceria com uma startup não avance é a falta de um time dedicado. Uma equipe dedicada significa que essas pessoas terão como objetivo fazer o projeto evoluir e significa que terão, em tese, maior agilidade para responder às demandas. Entretanto, somente um time dedicado não basta. A equipe deve ter, entre seus membros, alguém que já tenha empreendido ou trabalhado em uma startup. Essa pessoa entenderá e saberá passar ao grupo as dores de uma startup, saberá avaliar o que pode e deve ser pedido e o que deve ser evitado. O time também precisa ter pessoas que conheçam muito bem a empresa que está contratando a startup por dentro. Deve conhecer as pessoas nas diferentes áreas, quem faz o que, os processos internos e todo o sistema de governança. E, por último, é importante que alguém no time tenha senioridade dentro da organização, para fazer as coisas andarem no ritmo necessário, para tomar as decisões que precisarão ser tomadas.

VELOCIDADE

Uma pesquisa feita pela Accenture alguns anos atrás perguntou para empresas que haviam assinado contrato com uma startup quanto tempo havia levado entre o fim/aprovação da PoC e a data de assinatura do contrato.[1] A resposta com maior incidência foi: menos de três meses. A mesma pergunta foi feita aos empreendedores que haviam assinado contratos com as mesmas empresas, e a resposta mais escolhida foi: mais de seis meses. Isso mostra que a percepção do tempo, mesmo que de um fato concreto como esse, é muito diferente. As startups têm uma percepção de que, em geral, empresas tradicionais são lentas. O fato é que isso costuma

UMA EQUIPE DEDICADA SIGNIFICA QUE ESSAS PESSOAS TERÃO COMO OBJETIVO FAZER O PROJETO EVOLUIR E SIGNIFICA QUE TERÃO, EM TESE, MAIOR AGILIDADE PARA RESPONDER ÀS DEMANDAS.

ser a realidade em grande parte dessas empresas. Afinal de contas, elas possuem estruturas hierarquizadas, que limitam o poder de decisão das pessoas. São pródigas em criar fóruns, comitês e grupos de trabalho para tomar decisões. Entretanto, somente a agenda desses grupos já é suficiente para reduzir a velocidade das decisões, pois a maioria se reúne, no máximo, uma vez por mês. Ao trazer mais pessoas para o processo decisório, a organização inclui profissionais com outras prioridades em sua agenda pessoal, e as necessidades do negócio com a startup se tornam mais distantes. Sem contar que empresas tradicionais precisam ter um cuidado maior com governança e avaliação de riscos. Enquanto isso, no entanto, a startup está quase que 100% focada nessa relação, e cada decisão não tomada representa muito para ela, que fica sem saber se continua naquele caminho ou se aguarda uma decisão diferente.

Lembro-me do caso de uma startup que estava prestando serviços para uma grande multinacional. Em determinado momento, após uma atualização normal de um dos softwares que a multinacional usava, o sistema da startup parou de funcionar. O responsável na multinacional prometeu prioridade total na solução. Dois dias depois, o empreendedor ligou pra ele, que atendeu e prontamente adiantou, de maneira otimista, que já havia conseguido uma agenda, ainda provisória, para uma *call* com os envolvidos para dali duas semanas. O empreendedor aguardou ele terminar e disse que talvez nem fosse necessário, porque a startup, depois de duas noites viradas, havia chegado a uma solução de contorno. O empreendedor já tinha tido uma experiência anterior semelhante e sabia que uma solução da multinacional levaria pelo menos um mês até que todos os envolvidos decidissem algo. Ele sabia que, nesse um mês, a sua empresa ficaria com a receita zero, e os custos permaneceriam os mesmos. Para uma startup isso é muito sério; muitas não têm um colchão de reservas financeiras para situações assim.

Isso mostra o quanto o tema velocidade nas decisões é um item muito crítico na relação entre empresas tradicionais e startups.

CUSTOMIZAÇÃO

Uma outra situação ocorre com muita frequência quando uma empresa tradicional começa a firmar parcerias com startups: os pedidos de customização das soluções. Empresas tradicionais estão acostumadas a soluções *tailor made*, ou seja, feitas sob medida, exclusivamente para elas. Quando contratam pacotes de softwares maiores, engessados, sem possibilidade de muitas customizações, acabam aceitando por falta de opção. Porém, ao saberem que estão falando diretamente com o dono da startup, que tem poder para mudar o que bem entender, costumam pedir muitas alterações na solução. E aí é que boa parte dos empreendedores comete um grande erro ao não conseguir dizer não para os pedidos. Começam a fazer alterações que não têm fim. Com isso, muitas vezes, a solução que antes funcionava sem erros passa a ter bugs. E isso, em escala, leva a uma desvalorização da solução, que acaba se refletindo em uma pressão por preço, que se reflete em uma negociação desfavorável à startup. Já vi exatamente essa situação acontecer inúmeras vezes. Para o CEO de uma startup, diante de uma oportunidade de negócio com uma grande empresa, com uma marca estabelecida, que vai virar uma referência em seu discurso de vendas e uma logo importante em sua apresentação institucional, é difícil não ceder. Mas é fundamental que ele avalie em detalhes o potencial impacto das mudanças solicitadas. E é importante que a empresa que está contratando a startup saiba avaliar também o que é viável de ser solicitado. Pequenas alterações para uma grande empresa podem representar enormes desafios para uma startup, que é uma entidade que sobrevive na escassez de recursos por natureza.

No lado das startups, àquelas que são B2B (*business to business*), que são as que vendem para outras empresas, e não para pessoas físicas diretamente, tenho recomendações que considero importantes. É muito comum o empreendedor ter um único ponto de contato na empresa com a qual pretende fazer negócios e saber em que posição da estrutura organizacional essa pessoa está. Se é da área de negócios, qual o seu nível na organização, a quem está ligado, a quantos níveis está do CEO. Se é de compras, a mesma coisa. O que o empreendedor não sabe, muitas vezes, é que toda organização tem o seu mapa de poder, que é diferente do organograma. As pessoas têm influências que não estão no seu *job description*. Situações como filhos que estudam na mesma escola; frequentarem o mesmo clube; casas de campo no mesmo condomínio; terem trabalhado juntos anos antes, às vezes até em outras empresas; uma afinidade em um hobby; essas e muitas outras fazem com que as pessoas desenvolvam uma relação na empresa que vai muito além da autoridade que seu cargo lhe confere. É fundamental para um empreendedor B2B mapear essas relações e desenvolver novos pontos de contato para construir a imagem de sua startup em todas as frentes necessárias. Esse é um processo constante. Os negócios B2B costumam ser negócios de relacionamento, e não puramente transacionais. Há uma relação de confiança a ser construída e mantida. E, para mantê-la, é necessário alimentá-la o tempo todo por meio de reuniões, ligações, almoços com diferentes interlocutores dentro da organização.

A relação entre empresas tradicionais e startups não é simples. São organizações muito diferentes, com estruturas distintas, disponibilidade de recursos bem diferentes, governanças bem diversas, culturas distantes uma da outra. O processo está longe de ser, como muitos pensam, *plug and play*.[*] Diante de todos os desafios, está muito mais para *plug and pray*.[**]

---

[*] Expressão que remete a um aparelho elétrico que se coloca na tomada (*plug*), e ele funciona (*play*). É usada para casos em que a implementação de uma solução é muito simples.

[**] *Pray* significa rezar em inglês.

CAPÍTULO

APLICAÇÃO DOS MÉTODOS ÁGEIS

A TECNOLOGIA GERA MUDANÇAS EM NOSSA ROTINA praticamente todos os dias. Novos produtos e serviços são lançados ou inovações são introduzidas, e isso transforma nossos hábitos e comportamentos. Para dar conta dessa nova velocidade das mudanças, as empresas precisaram criar novos métodos de trabalho e, daí, surgiram os métodos ágeis.

Inicialmente focadas no desenvolvimento de sistemas, as metodologias ampliaram o seu escopo de atuação até atingir todas as áreas das organizações com o chamado *business agility*, ou empresa ágil, em uma tradução livre.

Os primeiros métodos ágeis surgiram nos anos 1990, mas foram amplamente disseminados a partir de 2001,[1] quando, nas montanhas de neve de Utah, dezessete especialistas em desenvolvimento de software escreveram o Manifesto Ágil,[2] documento que serviu de base para uma grande transformação na maneira como as empresas se organizam e operam.

No manifesto, estavam descritos os quatro valores da filosofia ágil:

1. Indivíduos e interações – mais do que processos e ferramentas;
2. Software em funcionamento – mais do que documentação abrangente;
3. Colaboração com o cliente – mais do que negociação de contratos;
4. Responder a mudanças – mais do que seguir um plano.

Esses quatro valores eram uma resposta aos modelos então predominantes de desenvolvimento de sistemas, que, na maioria das vezes, eram lentos, custosos e engessados em relação às especificações funcionais.

Ao longo da década de 2000, os chamados métodos ágeis ganharam terreno junto às startups e às empresas de tecnologia. Na década seguinte, foi a vez das grandes empresas tradicionais aderirem à onda. Inicialmente na área de tecnologia e, mais recentemente, em todos os demais setores das empresas.

Em pouco tempo, tribos, *squads*, *chapters* e outras nomenclaturas passaram a ser comumente ouvidas nos corredores de grandes organizações. Na base desse movimento, muita interação entre profissionais de diferentes áreas, suportando o novo mantra organizacional do momento: colaboração.

É importante ressaltar o que falamos no capítulo 8: o conceito de colaboração também mudou. Na visão tradicional, desenvolver um projeto em colaboração significava definir um problema, sua solução, estabelecer a maneira de executá-la e, a partir daí, encontrar os parceiros certos, de acordo com os *skills* necessários para o processo. Hoje, quando falamos em colaboração, a ideia é encontrar os parceiros para, juntos, entender o problema a ser resolvido e definir a melhor solução.

As empresas abraçaram a agilidade como método de trabalho e inundaram as organizações com suas equipes multidisciplinares, as chamadas *squads*. Profissionais de todas as áreas, sentados em uma mesma mesa, definindo, diariamente, em conjunto, as melhores soluções para os problemas. Nesse processo, a interação pessoal e o conhecimento de todos sobre o andamento diário do trabalho é parte fundamental da metodologia.

Como aconteceu com quase todas as ondas no mundo da gestão, seu uso nas organizações que primeiro as adotam, frequentemente ultrapassa o que se considera razoável. Foi assim na década de 1980 com organizações e métodos; na década seguinte, com os programas de qualidade total; em seguida, as reestruturações com base nas técnicas de reengenharia. E assim por diante, até que chegamos nesse modelo organizacional que se assemelha à maneira como as startups trabalham em seu estágio inicial. Porém, há algo importante a ser lembrado. O trabalho em equipe multidisciplinar em uma startup se dá por uma razão muito simples: escassez de recursos. Nessas empresas, decisões são compartilhadas porque o conhecimento está distribuído, e não concentrado nos departamentos, como nas grandes organizações. Processos são desenhados em conjunto porque nascem de uma folha em branco, e não de legados que acumulam anos de uma rica experiência. Sistemas são desenvolvidos por grupos de pessoas porque cada funcionalidade precisa ser testada por todos, já que uma startup não possui clientes para fazê-lo.

Esses pontos são importantes de serem lembrados para que as organizações avaliem quando usar e quando não usar *squads*. As equipes multidisciplinares são especialmente válidas quando o desenvolvimento incremental, baseado em testes e feedbacks, é interessante. Quando ele exige alta capacidade de adaptação e modificação de escopo ao longo de seu ciclo. Assim, as entregas são mais frequentes, e o resultado da adoção da metodologia é positivo.

Em casos onde esses requisitos não estão presentes, modelos de organização tradicionais ainda são muito bem-vindos. Nesses ambientes, a coordenação deve se sobrepor à colaboração. Em áreas mais operacionais, como nos *back offices* das empresas, essa ainda costuma ser a melhor alternativa. Porém, essa constatação requer amadurecimento da organização em relação ao tema das metodologias ágeis, o que não é natural que aconteça nos seus primeiros meses ou anos de adoção.

APLICAÇÃO DOS MÉTODOS ÁGEIS

CAPÍTULO

UNLEARNING - A IMPORTÂNCIA DE DESAPRENDER

IMAGINE GUIAR UMA BICICLETA EM QUE, AO VIRAR O guidão para um lado, a roda vira para o outro. Você pode pensar que é bem diferente do normal, mas que, após algum tempo de dedicação e treino, você vai se acostumar e, então, ficará craque no novo veículo. Ledo engano. Há dezenas de vídeos na internet mostrando a experiência, e, contam os pesquisadores, um adulto que já andava de bicicleta, em geral, leva no mínimo três meses para conseguir se adaptar e ser capaz de guiar a nova bicicleta por alguns metros. Note que não estou falando de poder usar a bicicleta pra sua locomoção; estou falando de conseguir dar algumas pedaladas sem cair.

Isso acontece porque nossos registros são tão fortes que, muitas vezes, é quase impossível apagá-los. Claro que, nesse caso, não são apenas registros mentais, são motores também. Mas a analogia é boa para explicar a dificuldade que as pessoas têm em reaprender sobre temas conhecidos.

No dia a dia de uma organização, a maioria das atividades já é conhecida. As pessoas envolvidas em um determinado tema conhecem o problema a ser resolvido, a maneira como ele é endereçado, tudo que já se tentou no passado e as mudanças necessárias para melhorar a solução atual. É como se aquele assunto fosse uma área dominada, um território já conquistado. Quanto maior o tempo naquela atividade, maior a sensação de domínio.

Nesse status mental, há pouco espaço para novas abordagens para o mesmo problema. Qualquer nova possibilidade é associada a tentativas do passado, e é comum ouvirmos: "Já tentamos algo parecido no passado e não deu certo". Cria-se uma barreira mental que impede um olhar mais aberto para o novo. E, como não há abertura, há uma tendência de se encontrar, mesmo que de maneira inconsciente, alguma experiência passada que guarde relação com a nova proposta e que, assim, justifique a sua rejeição. Esse ciclo vicioso transforma as organizações em verdadeiros cemitérios de ideias.

A consequência desse processo é uma tendência de as empresas, em vez de tentarem soluções muito diferentes, concentrarem-se em aplicar modificações meramente incrementais em seus produtos e serviços. Pequenas alterações oferecem pouco risco, são mais facilmente aprovadas e mais rapidamente implementadas. Inovações mais profundas requerem mais tempo para a decisão de adoção, recebem mais críticas, oferecem mais riscos e têm mais chance de não serem aprovadas. O problema é que soluções incrementais não são suficientes, nos dias atuais, para proteger a empresa das iniciativas inovadoras de potenciais concorrentes. E esse processo que leva a melhorias incrementais é ainda mais comum nas organizações líderes de mercado, com confortáveis margens de contribuição. As empresas com alta participação de mercado e significativamente lucrativas são as que costumam ter mais dificuldade para desenvolver inovações mais radicais e, por isso, são as mais propensas a serem ameaçadas pela disrupção.

A saída está em abrir-se para reaprender. Encarar o desafio de guiar uma bicicleta com o guidão invertido. Não é fácil, mas há um método que as empresas tradicionais podem aprender com as startups: olhar para o problema sem pensar na solução. Durante anos como consultor, fiz este exercício com meus clientes: pense no problema que o produto de sua empresa resolve. Agora, experimente falar durante trinta minutos sobre esse problema (do ponto de vista do usuário) sem mencionar a solução (o produto). Fale apenas sobre a dor que o seu produto resolve. Você se sentirá como os corajosos dos vídeos da bicicleta. Assim como eles caem o tempo todo, você também se pegará falando do produto. Aí, é hora de parar e começar de novo. Até conseguir chegar aos trinta minutos sem uma queda.

Um exemplo para ajudar: certa vez, dando consultoria para uma empresa dona de shopping centers, surgiu a ideia de disponibilizar uma rede Wi-Fi gratuita para os frequentadores do shopping. Hoje, quase todos já oferecem isso, mas na época não era comum, e, em muitos casos, o sinal das operadoras era ruim dentro dos estabele-cimentos, então os consumidores ficavam sem sinal. Assim, a rede Wi-Fi resolveria uma dor real dos usuários, que era a incapacidade de se comunicar ou de acessar informações pelo celular dentro do shopping. A solução era simples: prover uma rede Wi-Fi. Em pou-cos minutos, entretanto, a discussão já havia levado para um modo de custear o serviço por meio de anúncios de ofertas dos lojistas. E, para que as ofertas fossem personalizadas, exigiria que o cliente estivesse logado em uma rede social ou que ele preenchesse um cadastro. Assim, o shopping teria acesso ao seu perfil demográfico e às suas preferências e poderia fazer ofertas mais contextualizadas. A ideia não era ruim, até fazia sentido. E a discussão foi avançando, com o produto ganhando cada vez mais funcionalidades; até que eu interrompi a conversa e fiz a pergunta: "Qual era mesmo a dor que estávamos resolvendo?". Ao responder e lembrar que a dor original era a ausência de sinal dentro do shopping, o grupo percebeu o quanto já estava distante dela em sua solução.

Nesse exemplo, supondo que a solução tivesse sido imple-mentada, é provável que ela fosse cada vez mais se afastando do problema que originalmente buscava resolver. Então, em algum momento, seria necessário parar e desaprender para, então, emer-gir um novo produto, novamente conectado à dor do usuário.

CAPÍTULO

CHUTZPAH

ERA UMA TARDE TRANQUILA EM TEL AVIV, NO OUTONO de 2016. Eu estava saindo de uma reunião quando soou o alarme antimísseis. Para minha surpresa, nada do que eu esperava aconteceu. Não teve correria para os abrigos, gritos, nada. Era como se as pessoas não estivessem nem ouvindo a sirene. Seguiam seus caminhos normalmente. E assim também o fiz.

Durante muitos anos, cada vez que esse alarme soava em Israel, as pessoas corriam apressadamente para os abrigos antibombas, que existem por toda parte e toda casa tem o seu. A velocidade com que se chegava a um abrigo podia fazer diferença entre viver e morrer. Os gritos histéricos se misturavam ao som do alarme, e os rostos apavorados mostravam a preocupação com quem poderia não ter conseguido chegar a tempo a um abrigo.

Embora os mísseis continuem sendo disparados contra Israel com frequência, essa correria não acontece mais. E a explicação para isso atende por dois nomes: Iron Dome.[1] O domo de ferro é a tecnologia desenvolvida pelo pequeno país, menor do que o estado do Rio de Janeiro, que é capaz de, em menos de um segundo, identificar que foi disparado um míssil contra o território israelense, estimar com incrível precisão onde ele cairá e, se for em uma área que represente algum tipo de risco, o sistema dispara um míssil no sentido contrário, que vai interceptar o artefato agressor em uma altura suficiente para que a explosão não cause nenhum dano ao local.[2]

Nessa semana de 2016, nos quatro dias em que eu estava lá, 140 mísseis foram disparados. Quase todos foram interceptados. Os que não foram, foi porque o Iron Dome identificou que cairiam no mar sem representar risco e, por isso, evitaram desperdiçar munição. A confiança no sistema é tão grande que as pessoas praticamente ignoram os alarmes. Há diversos vídeos disponíveis nas redes sociais[3] mostrando como o Iron Dome funciona e como a população reage hoje ao ouvir a sirene.

O sistema Iron Dome é único no mundo e foi criado a partir da ousadia do dr. Danny Gold, então chefe do MAFAT, um órgão conjunto entre o Ministério da Defesa e o Exército, que é responsável pelo desenvolvimento de infraestrutura tecnológica para a defesa do país. Quando Gold trouxe a ideia pela primeira vez, os especialistas israelenses e norte-americanos a classificaram como uma loucura ou peça de ficção-científica. Disseram que, tecnicamente, até poderia ser possível, porém o investimento para garantir o seu correto funcionamento tornaria o projeto inviável.[4]

O ano era 2004. Um grupo de trabalho multidisciplinar trabalhava na exploração de possíveis soluções de defesa contra os mísseis que eram disparados contra Israel. Territórios como a Faixa de Gaza ou a Cisjordânia, repletos de terroristas inimigos de Israel, ficam a poucos quilômetros das cidades israelenses. Se não fossem as fronteiras fortemente vigiadas, um desavisado poderia facilmente entrar em um desses territórios, como às vezes entramos acidentalmente em uma favela perigosa ao errar o caminho em uma grande cidade brasileira. As distâncias são muito pequenas. E construir um míssil é algo muito simples e barato: tubos de aço, fertilizante, TNT e um sistema simples de detonação. Um deles pronto não sai por mais do que 800 dólares. E com um problema adicional. Dado o seu amadorismo, há pouca precisão em sua rota, em função da falta de padrão de peso, quantidade e qualidade dos materiais usados. Isso adiciona complexidade a qualquer sistema de defesa.

Mas o dr. Gold não desistiu de sua ideia. Um ano depois de apresentá-la, abriu uma concorrência global e recebeu 24 propostas técnicas dos maiores fabricantes de tecnologia do setor. Nenhuma delas chegava próximo do que ele sonhava. Após muitas reuniões infrutíferas, ele decidiu criar um grupo próprio para trabalhar na ideia. Como não sabia se o governo israelense iria financiar sua loucura, buscou investidores privados, que concordaram em investir caso o governo não aportasse os recursos necessários. A principal missão do grupo: desenvolver um sistema antimíssil sob a perspectiva do cidadão. Os militares, segundo ele, tratavam o tema pela ótica do Exército. A lógica dos militares era proteger áreas pequenas e seguir lutando. Gold queria um outro mindset: como toda uma cidade poderia se sentir protegida – o que significava proteger um raio de 10 a 50 quilômetros, algo nunca imaginado em um sistema de defesa.

As tecnologias que vinham sendo desenvolvidas na época buscavam redirecionar o míssil, levando-o a explodir em áreas desabitadas. Essa solução era inviável para o propósito que Gold buscava. A única maneira de fazê-lo seria interceptando e explodindo o míssil no meio de sua trajetória. Gold foi muito criticado porque descartou boa parte da tecnologia em que as maiores empresas do setor estavam investindo e criou a sua do zero. Teve o apoio de uma empresa israelense (Rafael), que apostou em sua ousada ideia e investiu junto com ele, sem nenhuma garantia. Em 2007, eles concluíram o primeiro budget formal do projeto. Conseguiram, então, convencer investidores norte-americanos a embarcar na empreitada, porém, um ano depois, veio a crise financeira, e os investidores sumiram. Em 2009, um relatório interno do governo israelense acusou Gold de estar investindo seu tempo em um projeto não autorizado pelo governo. Mas ele não parou. Dizia que sabia o que estava fazendo. No fim de 2009, os investidores norte-americanos retomaram as conversas e, ao verem uma demonstração do sistema, ficaram impressionados com os avanços. Decidiram aprovar o investimento e, no ano de 2011, o Iron Dome estava pronto para ser lançado.

De lá para cá, milhares de mísseis já foram lançados contra Israel. As mortes e destruições, que eram comuns, viraram coisa do passado. Gold foi condecorado, em 2012, com o Israel Defense Prize, o prêmio mais alto do país nessa área, pelos mesmos militares que o haviam criticado nos anos anteriores.

Se eu puder resumir essa história em uma palavra, será *chutzpah*. A tradução não existe para o português, porém o termo mais próximo, em minha opinião, é ousadia. A ousadia para se inverter uma maneira de pensar, para se imaginar algo nunca pensado, para se dedicar a construir algo que muitos consideram um sonho. Essa é uma característica da cultura judaica, que faz com que Israel seja, hoje, uma das nações mais inovadoras do mundo. Um país com pouco mais de 8 milhões de habitantes, onde se vai de Norte a Sul em poucas horas de carro, o que significa um país sem mercado interno consumidor. Os produtos que são fabricados lá precisam ser vendidos em outros mercados. O país é cercado por inimigos que lutam para destruí-lo. E o terreno sobre o qual o país foi construído era um deserto há pouco mais de cinquenta anos; ainda há total escassez de recursos naturais – como água, por exemplo.

A *chutzpah* explica, em boa parte, como essa pequena nação tem gerado milhares de patentes em diversos segmentos, como é campeã em IPOs na Nasdaq e como tem gerado startups e tecnologias que impactam diretamente o dia a dia das pessoas, em todo o mundo, com invenções como Waze, *pen drive*, microirrigação de solos, *drones...* A lista é grande.

A *chutzpah* vem do hábito de desafiar ideias, de ter coragem para estimular o desafio intelectual, independentemente de posição hierárquica. Embora no caso da cultura judaica esteja arraigada em uma tradição milenar, pode ser incorporada em outras culturas e empresas. A história do Iron Dome está em detalhes no livro *The Unstoppable Startup*, de Uri Adoni, um investidor de muito sucesso no ecossistema israelense, sócio do JVP, um dos maiores fundos de *venture capital* de lá. O livro é repleto de exemplos de como a *chutzpah* levou diversas startups ao sucesso em seus mercados. Vale a leitura e a reflexão sobre como um mindset de ousadia e desafio intelectual pode mudar uma empresa de patamar.

Há empreendedores conhecidos que adotam naturalmente a *chutzpah*: Elon Musk, CEO da Tesla e CTO da SpaceX é um exemplo. Larry Page, Sergey Brin e Steve Jobs são outros. Todos eles tiveram a ousadia de pensar grande e, assim, criar algo completamente novo, com enorme impacto para muita gente.

Você está pronto para se juntar a esses nomes?

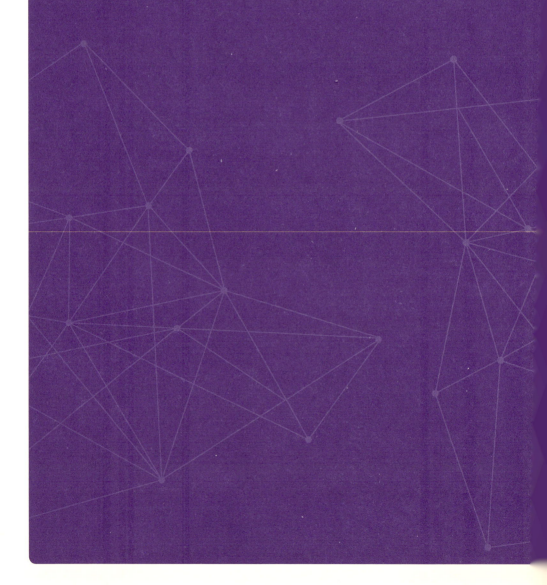

LUSÃO

O CONTEÚDO DESTE LIVRO É FRUTO DE MINHA experiência como executivo, empreendedor, investidor e conselheiro de empresas. É fruto também de meus estudos acadêmicos, em especial o mestrado e o doutorado, assim como a preparação para as aulas que dou na Singularity University.

As lições que aprendi e que reproduzi aqui no livro podem ser aplicadas por qualquer um, não importando o tamanho da empresa e o setor em que atua.

Já ouvi de muitos empreendedores que eles não se consideram criativos o suficiente para serem inovadores. É um erro pensar assim, porque esse pode ser um pensamento limitador. Todos nós já fomos crianças, e toda criança é criativa. À medida que crescemos, limitamos ou estimulamos a nossa capacidade criativa. A inovação dependerá muito mais de todo o ambiente ao seu redor – estratégia, processos e cultura – do que das ideias em si. Inovação é sobre execução. Theodore Levitt, um dos maiores nomes da história do marketing, disse uma vez: "Criatividade é pensar coisas novas, e inovação é fazer coisas novas".[1]

Também ouço com frequência que inovar é difícil por causa da resistência natural do ser humano. Nesse ponto, gostaria de mencionar algumas considerações importantes: o ser humano é, segundo os estudiosos do assunto, o ser com maior capacidade de adaptabilidade da história. Isso é genético, temos naturalmente essa capacidade. Já passamos por grandes transformações nesses 6 milhões de anos. Mas, claro, estou falando da espécie humana em uma escala maior, o que é diferente do microcosmo de uma organização como uma empresa. Nela, temos uma situação diferente, em que a resistência está ligada a outro fator: o medo. As pessoas, em uma organização qualquer, não são resistentes à mudança; elas costumam ter medo das consequências das mudanças, o que é algo diferente. A rotina representa uma zona de conforto, e inovar significa empurrar as pessoas para fora dela. O que vai acontecer depois da inovação implementada? Os profissionais têm diferentes graus de tolerância à incerteza e à ambiguidade. Há os otimistas e os pessimistas. Inovadores costumam ser otimistas, sabem tirar aprendizados de todas as situações, costumam ter alta autoestima, o que os faz aceitar críticas com mais facilidade e usá-las para melhorar. Mas, como não podemos controlar isso, um caminho é procurar antecipar os cenários futuros: o que acontece se der certo e o que acontece se der errado. Isso dará segurança aos que se sentem inseguros diante das mudanças.

As empresas ainda falham muito ao tentar inovar. Um estudo da Accenture[2] apontou uma possível causa para isso: segundo o levantamento, 82% das empresas pesquisadas replicavam o *modus operandi* normal da empresa no tema inovação. Assim, usavam a mesma governança e modelo operacional do seu dia a dia, o que acarretava perda de oportunidades e incapacidade de se extrair aprendizados com as falhas. Por isso, é tão importante contemplar esses elementos na estratégia de inovação.

INOVAÇÃO É SOBRE EXECUÇÃO.

Em algumas ocasiões, entretanto, quando era consultor, me deparei com empresas que haviam desenhado detalhadamente sua estratégia de inovação, a cultura estava adaptada para um ambiente inovador, e, ainda assim, a inovação nas áreas não acontecia. Foi quando aprendi que esse é um tema que também depende de paixão. Não bastam objetivos e processos bem definidos. A pessoa a liderar esse tema tem de ser apaixonada pela inovação. Paixão, segundo o *Dicionário Etimológico da Língua Portuguesa* de Antenor Nascentes, vem do latim *passione*, que tem a ver com sofrer e suportar a dor. A conexão com a inovação é perfeita. O apaixonado pela inovação é alguém que sofre com o que é comum, se indigna com o que é igual aos demais e não desiste na busca pelo novo. Somente o apaixonado é capaz de vencer os anticorpos da organização, que lutam para manter o *statu quo*.

Como o tema inovação virou moda, as empresas estão repletas de profissionais que reproduzem os jargões do momento, muitos sem dominar o tema e outros apenas para parecer que querem mudar. Até mesmo CEOs, por vezes, escolhem investir em algumas iniciativas para dar um ar de transformação, sem desejar de fato uma profunda mudança. Lembro-me de uma passagem do livro *O leopardo*, de Giuseppe Tomasi di Lampedusa, em que a nobreza era ameaçada por um movimento republicano. O sobrinho do Príncipe, o astuto Tancredi, tenta então convencer o tio a se engajar na Revolução, o que causa uma imensa perplexidade no Príncipe, que queria fazer de tudo para se manter no trono. E Tancredi, quase que em um tom professoral, explica: "Se queremos que tudo continue como está, é preciso que tudo mude".

O que desenvolvi e compartilho com você neste livro é que não dá mais para fingir que se está inovando. A inovação precisa acontecer no seu negócio de verdade. O tema é urgente e abrange todos os setores da economia. Enquanto você está lendo estas últimas linhas, alguma inovação está acontecendo no mercado. Será que é dentro do seu concorrente?

Então, se mexa! Use o que leu nos capítulos deste livro para avaliar qual é o momento da sua empresa e o que está mudando em seu mercado que talvez você ou sua organização não estejam enxergando.

Você sabe quais startups estão entrando no seu segmento e o que elas estão criando de diferente? E o consumidor do seu produto, ele está mudando? O que está provocando as mudanças no seu comportamento? Há empresas de outros segmentos entrando na sua área de atuação? O que você e sua empresa podem fazer para que isso não se torne uma ameaça? Em que segmentos você e sua empresa podem passar a atuar? Entenda a jornada do seu usuário; que dores ainda existem, onde estão as ineficiências? Como a sua organização está se preparando para enfrentar essa nova realidade? A cultura, a tecnologia e a governança estão adequadas? E quais são os incentivos dos executivos?

Essas perguntas vão ajudar você a posicionar a sua empresa diante do grande desafio que todos nós estamos vivendo, nesse ambiente de transformações cada vez mais rápidas. Tudo o que está neste livro já foi aplicado na prática e por um empreendedor que, em todas as suas startups, teve de lidar com escassez de recursos. Então, mãos à obra! Chegou a hora de você colocar a teoria em prática. Use meus ensinamentos para guiá-lo nessa jornada.

Inove agora, antes que seja necessário, senão será tarde demais.

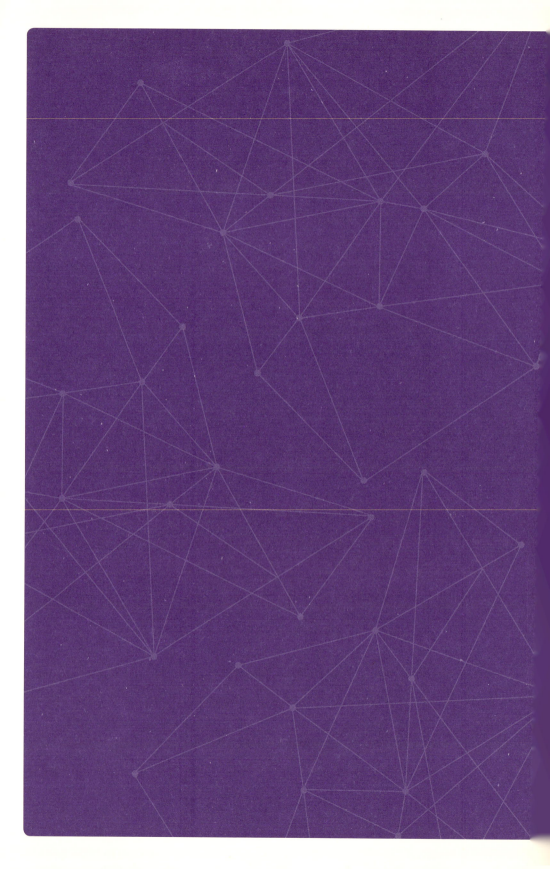

REFERÊNCIAS BIBLIOGRÁFICAS

ABBOSH, O. *et al.* Disruption Need Not Be An Enigma, **Accenture**, 2018. Disponível em: https://www.accenture.com/us-en/insight-leading-new-disruptability-index. Acesso em: 10 abr. 2021.

ADONI, U. **The Unstoppable Startup**: Mastering Israel's Secret Rules of Chutzpah. New York: Harper-Collins, 2020.

AULET, B. **Disciplined Entrepreneurship**: 24 Steps to a Successful Startup. New York: Wiley & Sons, 2013.

BOWER, J. L.; CHRISTENSEN, C. M. Disruptive Technologies: Catching the Wave. **Harvard Business Review**, 1995. Disponível em: https://hbr.org/1995/01/disruptive-technologies-catching-the-wave. Acesso em: 10 abr. 2021.

CAGAN, M. **Inspired:** How to Create Tech Products Customers Love. New York: Wiley & Sons, 2018.

CHESBROUGH, H. **Inovação Aberta**: como criar e lucrar com a tecnologia. Porto Alegre: Bookman, 2011.

CHRISTENSEN, C. **O dilema da inovação**: quando as novas tecnologias levam empresas ao fracasso. São Paulo: M.Books, 2011.

CHRISTENSEN, C. *et al.* **O paradoxo da prosperidade**: como a inovação é capaz de tirar nações da pobreza. Rio de Janeiro: Alta Books, 2019.

CHRISTENSEN, C. *et al.* **DNA do inovador**: dominando as 5 habilidades dos inovadores de ruptura. Rio de Janeiro: Alta Books, 2019.

FINE, C. H. **Clockspeed**: Winning Industry Control in the Age of Temporary Advantage. New York: Basic Books, 2008.

GLADWELL, M. **Fora de série – Outliers**. Rio de Janeiro: Sextante, 2011.

GUPTA, S. *et al.* **Driving Digital Strategy**: A Guide To Reimagining Your Business. Brighton: Harvard Business Review Press, 2018.

HEMINGWAY, E. **O sol também se levanta**. Rio de Janeiro: Bertrand, 2015.

HILLENBRAND, P. *et al.* Traditional company, new businesses. **McKinsey & Company**, 2019. Disponível em: https://www.mckinsey.com/industries/oil-and-gas/our-insights/traditional-company-new-businesses-the-pairing-that-can-ensure-an-incumbents-survival#. Acesso em: 10 abr. 2021.

HOROWITZ, B. **The Hard Thing about Hard Things**: Building a Business When There Are No Easy Answers. New York: HarperBusiness, 2014.

ISMAIL. S. *et al.* **Organizações exponenciais**: por que elas são 10 vezes melhores, mais rápidas e mais baratas que a sua (e o que fazer a respeito). Rio de Janeiro: Alta Books, 2018.

KANE, G. C. *et al.* **The Technology Fallacy**: How People Are the Real Key to Digital Transformation. Cambridge: The MIT Press, 2019.

KIM, W. C.; MAUBORGNE, R. **A estratégia do oceano azul**: como criar novos mercados e tornar a concorrência irrelevante. Rio de Janeiro: Sextante, 2019.

LAMPEDUSA, G. T. **O leopardo**. São Paulo: Companhia das Letras, 2017.

MAGALDI, S.; NETO, J. S. **O novo código da cultura**: vida ou morte na era exponencial. São Paulo: Gente, 2019.

MOORE, G. A. **Atravessando o abismo**: marketing e venda de produtos diruptivos para clientes tradicionais. Rio de Janeiro: Alta Books, 2021.

MORRIS, E. **Edison**. New York: Random House, 2020.

PORTER, M. E. **Vantagem competitiva**: criando e sustentando um desempenho superior. São Paulo: GEN Atlas, 1989.

RANDOLPH, M. **That Will Never Work**: the Birth of Netflix and the Amazing Life of an Idea. Boston: Little, Brown and Company, 2019.

ROBERTSON, D. **The Power of Little Ideas**: a Low-Risk, High Reward Approach to Innovation. Brighton: Harvard Business Review Press, 2017.

RIES, E. **A startup enxuta**: como a inovação contínua pode criar negócios radicalmente bem-sucedidos. Rio de Janeiro: Sextante, 2019.

ROGERS, D. L. **The Digital Transformation Playbook**: Rethink Your Business for the Digital Age. New York: Columbia Business School Publishing, 2016.

THIEL, P; MASTERS, B. **De zero a um**: o que aprender sobre empreendedorismo com o Vale do Silício. São Paulo: Objetiva, 2014.

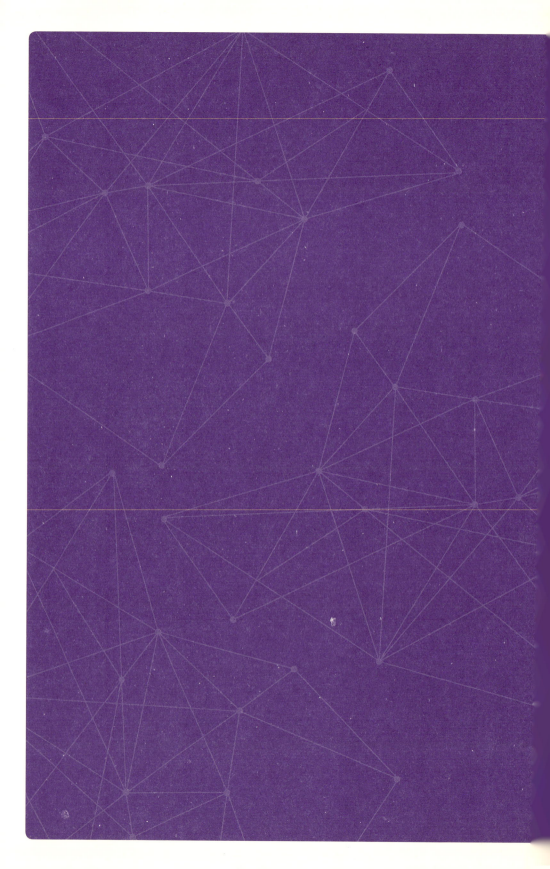

NOTAS

AGRADECIMENTOS

1 HERÁCLITO. **O pensador**, 2005-2021. Disponível em: https://www.pensador.com/frase/Njcy/. Acesso em: 10 abr. 2021.

INTRODUÇÃO

1 HUSS, N. How Many Websites Are There Around The World? [2021]. **Siteefy**, 19 mar. 2021. Disponível em: https://siteefy.com/how-many-websites-are-there/. Acesso em: 10 abr. 2021.

2 RAPHAEL, JR. What eight Google products looked like when they were brand new. **Fast Company**, 27 set. 2018. Disponível em: https://www.fastcompany.com/90240817/what-eight-google-products-looked-like-when-they-were-brand-new. Acesso em: 10 abr. 2021.

3 SAVIC, V.; MOUSSAVI, B. Good things como to those who don't wait. **Accenture**, 20 jul. 2019. Disponível em: https://www.accenture.com/us-en/blogs/blogs-good-things-come-those-who-dont-wait. Acesso em: 10 abr. 2021.

I – VISÃO

CAPÍTULO 1: DISRUPÇÃO NÃO ACONTECE DE REPENTE

1 DISRUPÇÃO. *In*: MICHAELIS – Dicionário Brasileiro da Lingua Portuguesa. São Paulo: Melhoramentos, 2021. Disponível em: https://michaelis.uol.com.br/moderno-portugues/busca/portugues-brasileiro/disrup%C3%A7%C3%A3o/. Acesso em: 10 abr. 2021.

2 FINE, C. H. **Clockspeed**: Winning Industry Control in the Age of Temporary Advantage. New York: Basic Books, 2008.

3 BOWER, J. L.; CHRISTENSEN, C. M. Disruptive Technologies: Catching the Wave. **Harvard Business Review**, 1995. Disponível em: https://hbr.org/1995/01/disruptive-technologies-catching-the-wave. Acesso em: 10 abr. 2021.

4 CHRISTENSEN, C. **O dilema da inovação**: quando as novas tecnologias levam empresas ao fracasso. São Paulo: M.Books, 2011.

5 MOTA, C. V. A história de Nikola Tesla, o excêntrico inventor rival de Thomas Edison que inspirou Elon Musk. **BBC Brasil**, 22 dez. 2017. Disponível em: https://www.bbc.com/portuguese/geral-42375111. Acesso em: 15 abr. 2021.

6 IPO: como funciona a estreia de uma empresa na Bolsa. **InfoMoney** [s.d]. Disponível em: https://www.infomoney.com.br/guias/ipo/. Acesso em: 15 abr. 2021.

7 GARCIA, I. Saiba mais sobre o Índice Nasdaq e por que ele é tão importante. **XP Expert**, 22 out. 2020. Disponível em: https://conteudos.xpi.com.br/aprenda-a-investir/relatorios/saiba-mais-sobre-o-indice-nasdaq-e-por-que-ele-e-tao-importante/. Acesso em: 15 abr. 2021.

8 IPO da Tesla supera estimativa e empresa capta US$226 mi. **G1**, 29 jun. 2010. Disponível em: http://g1.globo.com/economia-e-negocios/noticia/2010/06/ipo-da-tesla-supera-estimativa-e-empresa-capta-us226-mi.html. Acesso em: 15 abr. 2021.

9 BARONTINI, F. Tesla ingressa no S&P 500, o mais importante índice de ações dos EUA. **InsideEvs**, 17 nov. 2020. Disponível em: https://insideevs.uol.com.br/news/454867/tesla-entra-mercado-acoes-sp500/. Acesso em: 15 abr. 2021.

10 PRADO, M. Tesla já vale mais que todas montadoras tradicionais juntas; receita está longe. **CNN Brasil Business**, 14 jan. 2021. Disponível em: https://www.cnnbrasil.com.br/business/2021/01/14/tesla-ja-vale-mais-que-todas-montadoras-tradicionais-juntas-receita-esta-longe. Acesso em: 15 abr. 2021.

11 AGENTE autônomo de investimento. **InfoMoney** [s.d.]. Disponível em: https://www.infomoney.com.br/guias/profissoes-do-mercado-financeiro/agente-autonomo-de-investimento/. Acesso em: 15 abr. 2021.

12 XP Investimentos, há 18 anos transformando o mercado financeiro do país. **XP Expert**, 12 nov. 2019. Disponível em: https://conteudos.xpi.com.br/aprenda-a-investir/relatorios/xp-investimentos/. Acesso em: 15 abr. 2021.

13 SILVA, M. R. da. Netflix e Globo teriam firmado suposta parceria para produzir novelas. **Tecmundo**, 29 mar. 2021. Disponível em: https://www.tecmundo.com.br/minha-serie/214669-netflix-parceria-globo-produzir-novelas.htm. Acesso: 15 abr. 2021.

14 LAVADO, T. Netflix já tem mais assinantes no Brasil do que a TV a cabo, diz estudo. **Exame**, 28 ago. 2020. Disponível: https://exame.com/tecnologia/brasil-tem-mais-assinaturas-de-netflix-que-de-tv-a-cabo-diz-analise/. Acesso em: 15 abr. 2021.

15 AUMENTA tempo de utilização de TV via Streaming entre brasileiros. **Mundo do Marketing**, 28 fev. 2019. Disponível em: https://www.mundodomarketing.com.br/ultimas-noticias/38160/aumenta-tempo-de-utilizacao-de-tv-via-streaming-entre-brasileiros.html. Acesso em: 15 abr. 2021.

16 PETRÓ, G. Fila de mais de 700 pessoas marca o lançamento do iPhone 4 no Brasil. **G1**, 17 set. 2010. Disponível em: http://g1.globo.com/tecnologia/noticia/2010/09/filade-mais-de-700-pessoas-marca-o-lancamento-do-iphone-4-no-brasil.html. Acesso em: 15 abr. 2021.

17 WOLVERTON, T. There's one big difference between Spotify's users and those on Google, Apple, and Amazon streaming products – and it's a good sign for Spotify. **Insider**, 3 abr. 2018. Disponível em: https://www.businessinsider.com/spotify-has-more-loyal-users-than-apple-music-and-pandora-survey-2018-3. Acesso em: 15 abr. 2021.

18 SHINE, F. O Net Promoter Score: o impacto positivo que a pesquisa tem sobre o retorno desse investimento. **Empresas e Negócios**, 8 set. 2020. Disponível em: https://jornalempresasenegocios.com.br/manchete-principal/o-%E2%80%8Anet-promoter-score-o-impacto-positivo-que-a-pesquisa-tem-sobre-o-retorno-desse-investimento/. Acesso em: 15 abr. 2021.

19 RANKING Nacional de Atendimento ao Cliente. **IBRC** [s.d.]. Disponível em: https://ibrc.com.br/ranking/. Acesso em: 15 abr. 2021.

20 BRAGA, L. Claro/NET vê alta de 98,9% em queixas na Anatel sobre internet fixa. **Tecnoblog**, 4 ago. 2020. Disponível em: https://tecnoblog.net/356918/claro-net-ve-alta-em-queixas-na-anatel-sobre-internet-fixa/. Acesso em: 15 abr. 2021.

21 FREITAS, C. O que é NPS e por que é importante para startups. **Syhus**, 29 mar. 2018. Disponível em: https://syhus.com.br/2018/03/29/o-que-e-nps-e-por-que-e-importante-para-startups/. Acesso em: 15 abr. 2021.

22 A ESTRATÉGIA Competitiva de Michael Porter. **Portal Administração**, 13 fev. 2014. Disponível em: https://www.portal-administracao.com/2014/02/a-estrategia-competitiva-de-porter.html. Acesso em: 15 abr. 2021.

23 HYPERLOOP, que estuda transporte em cápsulas, terá centro de pesquisa em Minas Gerais. **G1**, 6 abr. 2018. Disponível em: https://g1.globo.com/carros/noticia/hyperloop-de-elon-musk-abre-centro-de-pesquisa-em-minas-gerais.ghtml. Acesso em: 15 abr. 2021.

CAPÍTULO 2: POR QUE FICAMOS CEGOS À INOVAÇÃO

1 FARIS, S. Instant Everything. Killer Prices. Big Heart: A Conversation With Lemonade's CEO. **Money Under 30**, 3 dez. 2020. Disponível em: https://www.moneyunder30.com/a-closer-look-at-lemonades-ceo. Acesso em: 15 abr. 2021.

2 TIME to Giveback! **Lemonade**, 10 jul. 2017. Disponível em: https://www.lemonade.com/blog/time-to-giveback/. Acesso em: 15 abr. 2021.

3 LOUREIRO, R. Após IPO, sucesso da Lemonade é a prova de fogo do mercado de insurtechs. **G1**, 6 jul. 2020. Disponível em: https://exame.com/tecnologia/apos-ipo-sucesso-da-lemonade-e-a-prova-de-fogo-do-mercado-de-insurtechs/. Acesso em: 15 abr. 2021.

4 FERRARI, D. 20 anos do ICQ: relembre evolução e sucesso do mensageiro. **TechTudo**, 15 nov. 2016. Disponível em: https://www.techtudo.com.br/noticias/noticia/2016/11/20-anos-do-icq-relembre-evolucao-e-sucesso-do-mensageiro.html. Acesso em: 15 abr. 2021.

5 DESJARDINS, J. The Evolution of Instant Messaging. **Visual Capitalist**, 17 nov. 2016. Disponível em: https://www.visualcapitalist.com/evolution-instant-messaging/. Acesso em: 10 abr. 2021.

6 COM quase 14 anos, MSN Messenger é desativado. Conheça a história. **iG**, 1 maio 2013. Disponível em: https://tecnologia.ig.com.br/2013-05-01/com-quase-14-anos-msn-messenger-e-desativado-conheca-a-historia.html. Acesso em: 15 abr. 2021.

NOTAS

7 MARQUES, J. Quem inventou o WhatsApp? Veja oito curiosidades sobre a história do app. **TechTudo**, 17 jan. 2019. Disponível em: https://www.techtudo.com.br/listas/2019/01/quem-inventou-o-whatsapp-veja-oito-curiosidades-sobre-a-historia-do-app.ghtml. Acesso em: 15 abr. 2021.

8 L. A. O que é Bootstrap? Guia para Iniciantes. **Hostinger**, 14 out. 2020. Disponível em: https://www.hostinger.com.br/tutoriais/o-que-e-bootstrap. Acesso em: 15 abr. 2021.

9 CONVERSA entre amigos sobre ato de barbear vira mega negócio nos EUA. **Glamurama**, 20 jul. 2016. Disponível em: https://glamurama.uol.com.br/conversa-entre--amigos-sobre-ato-de-barbear-vira-mega-negocio-nos-eua/. Acesso em: 15 abr. 2021.

10 SOLOMON, S. D. $1 Billion for Dollar Shave Club: Why Every Company Should Worry. **The New York Times**, 26 jul. 2016. Disponível em: https://www.nytimes.com/2016/07/27/business/dealbook/1-billion-for-dollar-shave-club-why-every-company-should-worry.html. Acesso em: 15 abr. 2021.

11 HILLENBRAND, P. *et al.* Traditional company, new businesses. **McKinsey & Company**, 2019. Disponível em: https://www.mckinsey.com/industries/oil-and-gas/our-insights/traditional-company-new-businesses-the-pairing-that-can-ensure-an-incumbents-survival#. Acesso em: 10 abr. 2021.

12 GRECO, C.; MOREIRA, B. C. de M.; COSTA, D. F. Viés de Confirmação e seu impacto no Nível de Confiança do Consumidor em face a informações positivas e negativas vinculadas pelas mídias: um estudo experimental. **XX SemeAd**, nov. 2017. Disponível em: https://login.semead.com.br/20semead/arquivos/767.pdf. Acesso em: 15 abr. 2021.

13 ANDRION, R. Criptomoedas: o que são e aonde vão. **Olhar Digital**, 5 ago. 2019. Disponível em: https://olhardigital.com.br/2019/08/05/noticias/criptomoedas-o-que-sao-e-aonde-vao/. Acesso em: 15 abr. 2021.

14 ASLAM, N. Banks Banning Critocurrency Purchase On Credit Cards, Why? **Forbes**, 5 fev. 2018. Disponível em: https://www.forbes.com/sites/naeemaslam/2018/02/05/banks-banning-cryptocurrency-purchase-on-credit-cards-why/. Acesso em: 10 abr. 2021.

15 ISMAIL. S. *et al.* **Organizações exponenciais**: por que elas são 10 vezes melhores, mais rápidas e mais baratas que a sua (e o que fazer a respeito). Rio de Janeiro: Alta Books, 2018.

16 LIMA, L. F. Os 6Ds do crescimento exponencial: compreendendo o ciclo das grandes inovações tecnológicas. **Comunidade SEBRAE** [s.d.]. Disponível em: https://comunidadesebrae.com.br/empresas/inovadoras/os-6ds-do-crescimento-exponencial-compreendendo-o-ciclo-das-grandes-inovacoes-tecnologicas. Acesso em: 15 abr. 2021.

CAPÍTULO 3: OS QUATRO ESTÁGIOS DA INOVAÇÃO ABERTA

1 O QUE é o Nubank? **Blog Nubank**, 9 mar. 2021. Disponível em: https://blog.nubank.com.br/nubank-o-que-e/. Acesso em: 15 abr. 2021.

2 BASE de usuários do Nubank cresce mais de 50% em um ano. **IstoÉ Dinheiro**, 15 mar. 2021. Disponível em: https://www.istoedinheiro.com.br/base-de-usuarios-do-nubank-cresce-mais-de-50-em-um-ano/. Acesso em: 15 abr. 2021.

3 TAGIAROLI, G. Ideia do pendrive surgiu após falta de cópia de apresentação, diz inventor. **UOL**, 8 jun. 2015. Disponível em: https://www.uol.com.br/tilt/noticias/

redacao/2015/06/08/ideia-do-pendrive-surgiu-apos-falta-de-copia-de-apresentacao-diz-inventor.htm. Acesso em: 15 abr. 2021.

4 ALFANO, P.; LIMA, E. Dossiê: As Forças de Defesa de Israel. **Superinteressante**, 6 jan. 2020. Disponível em: https://super.abril.com.br/sociedade/dossie-israel-forcas-de-defesa/. Acesso em: 15 abr. 2021.

CAPÍTULO 4: A NOVA ARENA COMPETITIVA

1 EMPRESAS brasileiras que fazem sucesso com sucos saudáveis. **Pequenas Empresas & Grandes Negócios**, 29 dez. 2017. Disponível em: https://revistapegn.globo.com/Banco-de-ideias/Alimentacao/noticia/2017/12/4-empresas-brasileiras-que-fazem-sucesso-com-sucos-saudaveis.html. Acesso em: 15 abr. 2021.

2 UNILEVER lança rede de lavanderias da marca Omo. **Diário do Comércio**, 24 jun. 2020. Disponível em: https://dcomercio.com.br/categoria/negocios/unilever-lanca-rede-de-lavanderias-da-marca-omo. Acesso em: 15 abr. 2021.

3 DINIZ, B. O que é "rebundling", a próxima onda do ambiente fintech do país. **IstoÉ Dinheiro**, 13 jul. 2020. Disponível em: https://www.istoedinheiro.com.br/o-que-e-rebundling-a-proxima-onda-do-ambiente-fintech-do-pais/. Acesso em: 15 abr. 2021.

II – ESTRATÉGIA

CAPÍTULO 5: DE ONDE VEM A INOVAÇÃO

1 KOHN, S. Conheça a trajetória de Jan Koum, criador do WhatsApp. **Canaltech**, 18 maio 2017. Disponível em: https://canaltech.com.br/carreira/conheca-a-trajetoria-de-jan-koum-criador-do-whatsapp-93972/. Acesso em: 15 abr. 2021.

2 MAIA, F. Do Google ao Facebook, história do Yahoo! é marcada por oportunidades perdidas. **Folha de S.Paulo**, 25 jul. 2016. Disponível em: https://www1.folha.uol.com.br/mercado/2016/07/1795188-do-google-ao-facebook-historia-do-yahoo-e-marcada-por-oportunidades-perdidas.shtml. Acesso em: 15 abr. 2021.

3 LEVY, G. Guiabolso, a empresa que já ajuda brasileiros a poupar R$ 200 milhões por ano. **Endeavor**, 10 dez. 2016. Disponível em: https://endeavor.org.br/desenvolvimento-pessoal/guiabolso-empresa-que-ja-ajuda-brasileiros-poupar-r-200-milhoes-por-ano/. Acesso em: 15 abr. 2021.

4 HORN, G. De onde vem a Inovação? **Valor Investe**, 31 ago. 2020. Disponível em: https://valorinveste.globo.com/blogs/seu-negocio/post/2020/08/de-onde-vem-a-inovacao.ghtml. Acesso em: 15 abr. 2021.

5 ASSIS, J. de. Você sabe o que é serendipidade? – A magia da inovação acontece aqui. **Ideia de marketing**, 13 out. 2014. Disponível em: https://www.ideiademarketing.com.br/2014/10/13/voce-sabe-o-que-e-serendipidade-a-magia-da-inovacao-acontece-aqui/. Acesso em: 15 abr. 2021.

CAPÍTULO 6: O TRIPÉ DA ESTRATÉGIA DE INOVAÇÃO

1 PONTOS na CNH mudam conduta ao volante, diz estudo. **IstoÉ Dinheiro**, 9 jun. 2019. Disponível em: https://www.istoedinheiro.com.br/pontos-na-cnh-mudam-conduta-ao-volante-diz-estudo/. Acesso em: 15 abr. 2021.

CAPÍTULO 7: APLICANDO A INOVAÇÃO ABERTA

1 CHESBROUGH, H. **Inovação Aberta**: como criar e lucrar com a tecnologia. Porto Alegre: Bookman, 2011.

2 SPIGHEL, R. O que é sponsor? **InfoMoney**, 10 set. 2019. Disponível em: https://www.infomoney.com.br/colunistas/eua-morar-e-investir/o-que-e-sponsor/. Acesso em: 15 abr. 2021.

3 LIFETIME Value [LTV]: o que é, fórmula e como aumentar esse indicador. **Neil Patel** [s.d]. Disponível em: https://neilpatel.com/br/blog/lifetime-value/. Acesso em: 15 abr. 2021.

4 TEIXEIRA, R. O que é o Core Business de uma empresa? **Administradores.com**, 14 nov. 2012. Disponível em: https://administradores.com.br/artigos/o-que-e-o-core-business-de-uma-empresa. Acesso em: 15 abr. 2021.

CAPÍTULO 8: OS 2 CS: MODELOS DE GERAÇÃO DE INOVAÇÃO

1 BLOCKBUSTER poderia ter comprado Netflix por US$ 50 milhões em 2000 mas achou empresa cara. **Época Negócios**, 3 out. 2019. Disponível em: https://epocanegocios.globo.com/Empresa/noticia/2019/10/blockbuster-poderia-ter-comprado-netflix-por-us-50-milhoes-em-2000-mas-achou-empresa-cara.html. Acesso em: 15 abr. 2021.

2 RODRIGUES, F. Há 20 anos, Netflix era oferecida à Blockbuster, que recusou o negócio. **Tenho mais discos que amigos**, 22 ago. 2020. Disponível em: https://www.tenhomaisdiscosqueamigos.com/2020/08/22/netflix-blockbuster-trailer-documentario/. Acesso em: 15 abr. 2021.

3 ESTIGARRIBIA, J. Netflix bate recorde de 200 milhões de assinantes em meio à pandemia. **Exame**, 19 jan. 2021. Disponível em: https://exame.com/negocios/netflix-bate-recorde-de-200-milhoes-de-assinantes-em-meio-a-pandemia/. Acesso em: 15 abr. 2021.

4 JUNIOR, C. Milestones: saiba como definir os marcos do projeto. **Project Builder**, 12 nov. 2018. Disponível em: https://www.projectbuilder.com.br/blog/marcos-do-projeto/. Acesso em: 15 abr. 2021.

5 BENJAMIN, T. Hyperloop TT quer transportar passageiros a 1.200 km/h nessa cápsula. **AutoEsporte**, 4 out. 2018, Disponível em: https://autoesporte.globo.com/carros/noticia/2018/10/hyperloop-tt-quer-transportar-passageiros-1200-kmh-nessa-capsula.ghtml. Acesso em: 15 abr. 2021.

6 MEYER, M. Como funciona o Hyperloop e como ele vai mudar nossas vidas. **Oficina da Net**, 28 fev. 2017. Disponível em: https://www.oficinadanet.com.br/post/18463-o-que-e-hyperloop-e-como-ele-vai-mudar-nossas-vidas. Acesso em: 15 abr. 2021.

III – CULTURA

CAPÍTULO 9: O MINDSET DAS STARTUPS

1 SMALE, W. Transferwise: o prejuízo em transferência bancária que levou a um negócio bilionário. **BBC News**, 30 jan. 2019. Disponível em: https://www.bbc.com/portuguese/geral-47054196. Acesso em: 15 abr. 2021.

2 ENTENDA como funciona a injeção eletrônica dos carros. **Chiptronic**, 26 jul. 2019. Disponível em: https://chiptronic.com.br/blog/entenda-como-funciona-injecao-eletronica-dos-carros-2. Acesso em: 15 abr. 2021.

3 ABRÃO, M. S. Evolucionismo – Seleção natural é a ideia central do darwinismo. **UOL Educação** [s.d.]. Disponível em: https://educacao.uol.com.br/disciplinas/ciencias/evolucionismo-selecao-natural-e-a-ideia-central-do-darwinismo.htm. Acesso em: 15 abr. 2021.

4 CESTAROLLI, P. Amazon: criando e inovando de trás para frente. **Endeavor**, 9 jun. 2016. Disponível em: https://endeavor.org.br/inovacao/como-amazon-inova/. Acesso em: 15 abr. 2021.

5 NISHIKIORI, I. Oito vezes em que a Apple teve problemas com seus produtos. **TechTudo**, 3 maio 2019. Disponível em: https://www.techtudo.com.br/listas/2019/05/oito-vezes-em-que-a-apple-teve-problemas-com-seus-produtos.ghtml. Acesso em: 15 abr. 2021.

6 FURQUIM, T. Como funciona e onde consultar o recall de produtos Apple. **Canal Tech**, 9 abr. 2021. Disponível em: https://canaltech.com.br/produtos/como-funciona-recall-produtos-apple/. Acesso em: 15 abr. 2021.

7 GIL, M. A. Saras Sarasvathy: "Ninguém precisa de venture capital". **Pequenas Empresas e Grandes Negócios**, 12 dez. 2018. Disponível em: https://revistapegn.globo.com/Startups/noticia/2018/12/saras-sarasvathy-ninguem-precisa-de-venture-capital.html. Acesso em: 15 abr. 2021.

CAPÍTULO 10: COLABORAÇÃO NÃO É A SOLUÇÃO PARA TUDO

1 MARTINI, R. Cultura Ágil: O modelo Spotify Squads. **Merithu**, 18 set. 2019. Disponível em: https://merithu.com.br/2019/09/18/cultura-agil-o-modelo-spotify-squads/. Acesso em: 15 abr. 2021

IV – IMPLEMENTANDO A INOVAÇÃO NA PRÁTICA

CAPÍTULO 12: DESAFIOS PARA EMPRESAS TRADICIONAIS

1 MORRIS, E. **Edison**. New York: Random House, 2020.

CAPÍTULO 13: O ECOSSISTEMA DA INOVAÇÃO ABERTA

1 MATOS, F.; RADAELLI, V. Ecossistema de startups no Brasil. **Banco Intramericano de Desenvolvimento**, 2020. Disponível em: https://publications.iadb.org/publications/portuguese/document/Ecossistema_de_startups_no_Brasil_Estudo_de_caracteriza%C3%A7ao_do_ecossistema_de_empreendedorismo_de_alto_impacto_brasileiro.pdf. Acesso em: 15 abr. 2021.

2 VENTURE capital investments. **OECD.stat**, 2021. Disponível em: https://stats.oecd.org/Index.aspx?DataSetCode=VC_INVEST. Acesso em: 10 abr. 2021.

3 CONHEÇA os principais fundos de investidores nas startups brasileiras. **Estadão**, 12 maio 2019. Disponível em: https://economia.estadao.com.br/noticias/geral,conheca-os-principais-fundos-de-investidores-nas-startups-brasileiras,70002825230. Acesso em: 15 abr. 2021.

4 DATT, F.; JULIO, R. A. Como trabalham os investidores que transformam startups em unicórnios. **Época Negócios**, 17 jan. 2020. Disponível em: https://epocanegocios. globo.com/Empreendedorismo/noticia/2020/01/como-trabalham-os-investidores-que-transformam-startups-em-unicornios.html. Acesso em: 15 abr. 2021.

5 SZKLARZ, E. Israel: o outro Vale do Silício. **Superinteressante**, 4 jun. 2019. Disponível em: https://super.abril.com.br/tecnologia/israel-o-outro-vale-do-silicio/. Acesso em: 14 abr. 2021.

6 GLOBAL Starup Ecosystem Report 2019. **Startup Genome** [s.d]. Disponível em: https://startupgenome.com/reports/global-startup-ecosystem-report-2019. Acesso em: 15 abr. 2021.

7 IMPLEMENTANDO uma reforma tributária de sucesso. **Endeavor** [s.d.]. Disponível em: https://endeavor.org.br/leis-e-impostos/implementando-uma-reforma-tributaria-de-sucesso/. Acesso em: 15 abr. 2021.

8 FAQS for Angels & Entrepreneurs. **Angel Capital Association**, 2021. Disponível em: https://www.angelcapitalassociation.org/faqs. Acesso em: 10 abr. 2021.

9 CONFAP; EGLER, P.; NATOLA, E. **Brazilian Inovation Ecosystem**, dez. 2020. Disponível em: https://brazil.enrichcentres.eu/wp-content/uploads/2021/01/Brazilian_Innovation_Ecosystem_Final_V2.pdf. Acesso em: 10 abr. 2021.

10 GROWTH hacking: o que é + guia prático para aplicar em sua empresa. **Resultados Digitais**, 11 ago. 2020. Disponível em: https://resultadosdigitais.com.br/blog/o-que-e-growth-hacking/. Acesso em: 15 abr. 2021.

11 Y Combinator. **Tua Carreira**, 2019. Disponível em: https://www.tuacarreira.com.br/y-combinator.html. Acesso em: 15 abr. 2021.

12 INGIZZA, C. Distrito fecha parceria com a aceleradora americana Techstars. **Exame**, 3 fev. 2021. Disponível em: https://exame.com/pme/distrito-fecha-parceria-com-a-aceleradora-americana-techstars/. Acesso em: 15 abr. 2021.

13 FONSECA, M. Uma das maiores aceleradoras do mundo prova que diversidade dá resultado. **Grandes Empresas e Pequenos Negócios**, 5 mar. 2020. Disponível em: https://revistapegn.globo.com/Startups/noticia/2020/03/uma-das-maiores-aceleradoras-do-mundo-prova-que-diversidade-da-resultado.html. Acesso em: 15 abr. 2021.

CAPÍTULO 14: COMO TRABALHAR COM STARTUPS

1 MIND the Gap: Addressing Challenges to Fintech Adoption. **Accenture**, 2018. Disponível em: https://www.accenture.com/_acnmedia/pdf-74/accenture-FinTech-challenges-adoption.pdf. Acesso em: 28 abr. 2021.

CAPÍTULO 15: APLICAÇÃO DOS MÉTODOS ÁGEIS

1 HORN, G. Quando squads não são a melhor opção para as empresas. **Valor Investe**, 6 jul. 2020. Disponível em: https://valorinveste.globo.com/blogs/seu-negocio/post/2020/07/quando-squads-nao-sao-a-melhor-opcao-para-as-empresas.ghtml. Acesso em: 15 abr. 2021.

2 BECK, K. *et al.* Manifesto para Desenvolvimento Ágil de Software. **Agile Manifesto**, 2001. Disponível em: https://agilemanifesto.org/iso/ptbr/manifesto.html. Acesso em: 10 abr. 2021.

CAPÍTULO 17: *CHUTZPAH*

1 MARCUS, J. Saiba como funciona o escudo antimísseis de Israel. **BBC News**, 5 ago. 2014. Disponível em: https://www.bbc.com/portuguese/noticias/2014/08/140804_escudo_antimissel_israel_jm_kb. Acesso em: 15 abr. 2021.

2 HORN, G. Chutzpah – a importância da ousadia. **Valor Investe**, 23 nov. 2020. Disponível em: https://valorinveste.globo.com/blogs/seu-negocio/post/2020/11/chutzpah-a-importancia-da-ousadia.ghtml. Acesso em: 15 abr. 2021.

3 STAND WITH US BRASIL (Brasil). **Iron Dome em ação**. 8 dez. 2019. Facebook: StandWithUsBrasil. Disponível em: https://www.facebook.com/watch/?v=74979 8142165358. Acesso em: 10 abr. 2021.

4 IRON Dome: as forças de Israel contra os foguetes palestinos. **Exame**, 9 jul. 2014. Disponível em: https://exame.com/mundo/iron-dome-as-forcas-de-israel-contra-os-disparos-de-fogue/. Acesso em: 15 abr. 2021.

CONCLUSÃO

1 Levitt é considerado o popularizador do termo "globalização" em artigo que escreveu em 1983 para a Harvard Business Review, sob o título Globalization of Markets. Cf. LEVITT, T. Creativity Is Not Enough. Boston, **Harvard Business Review**, v. 41, p. 72-83, mai-jun. 1963. Disponível em: http://harvardbusiness.org/product/creativity-is-not-enough-hbr-classic-hbronpoint-e/an/1628-PDF-ENG. Acesso em: 3 nov. 2009.

2 THREE Years Later, U.S. Companies Coninue to Struggle With Innovation, Accenture Survey Reveals. **Accenture**, 21 mar. 2016. Disponível em: https://newsroom.accenture.com/news/three-years-later-us-companies-continue-to-struggle-with-innovation-accenture-survey-reveals.htm. Acesso em: 10 abr. 2021.

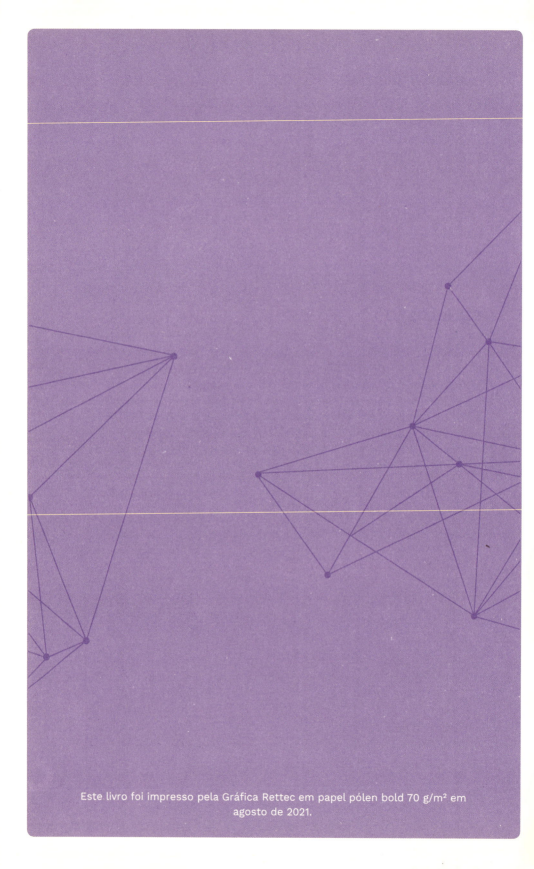
Este livro foi impresso pela Gráfica Rettec em papel pólen bold 70 g/m² em agosto de 2021.